GUANTE BLANCO®
EDITORIAL

Diario de un superviviente

MEMORIAS DE LOS ANDES

Diario de un superviviente

MEMORIAS DE LOS ANDES

José Luis «Coche» Inciarte

Primera edición: Febrero 2019

Depósito legal: AL 2518-2018

ISBN: 978-84-16808-50-2

Impresión y encuadernación: Editorial Guante Blanco.

Editorial Guante Blanco
www.editorialguanteblanco.com
info@editorialguanteblanco.com

Impreso en España - Printed in Spain.

Esta memoria está dedicada a mi familia: esposa, hijos, nuera y yernos, y a mis cinco nietos, que tantas veces en la montaña pensé que nunca llegaría a tener.

No te rindas, por favor no cedas,
aunque el frío queme,
aunque el miedo muerda,
aunque el sol se ponga y se calle el viento,
aún hay fuego en tu alma,
aún hay vida en tus sueños,
porque cada día es un comienzo nuevo,
porque esta es la hora y el mejor momento,
porque no estás solo, porque yo te quiero.

MARIO BENEDETTI (*No te rindas*)

Prólogo

Este libro fue escrito en memoria de Gastón Costemalle, mi amigo.

Querido gordo:

Van 44 años que no te veo. La última vez fue el 13 de octubre de 1972 entrando al avión en el aeropuerto de Mendoza.

¡Vaya que sabrás por las que pasamos en los siguientes 72 días!

¡Tantas veces deseé estar contigo en ese paraíso de paz y felicidad, que imagino es ese lugar donde te encuentras, mientras yo estaba muriendo bajo toneladas de nieve de un infame alud!

Desde ese frío, que duele hasta los huesos, pasando por la sed más sórdida y el hambre más genuina, por la angustia y desesperación, y cantidad de sensaciones peores, a través de los amigos, como nunca lo había conocido antes, se me ha presentado el Hombre.

Sometido en forma continua a todo tipo de sufrimiento y humillaciones, ¡es asombroso y gratificante, ver con cuánta entereza e integridad, es capaz de responder!

Sabedor de lo que es el calor humano que nos salvó de morir congelados, sabedor de la importancia de la vida del otro para nuestra propia supervivencia, he aprendido también, entre otras tantas cosas, que el amor entre los hombres va más allá del sentimiento, está en el comportamiento humano, que luego de aquel pacto del que fui partícipe, y del que me siento tan orgulloso de haber compartido con todos, nos permitió honrar y defender la vida.

Para que el dolor fuera más soportable, le busqué sentido a la vida y aprendí que esta merece vivirse aun en el sufrimiento. Tú y los otros que están contigo merecían un premio en vida, y recibieron la muerte en la montaña y desde entonces existen en la paz.

Pienso que se puede encontrar la paz en vida, y para eso ésta debe transitar por el camino de la felicidad, la cual es necesario merecer, entonces habrá que darse cuenta cuánto más gratificante es dar que recibir y que el dar no tiene límite.

Hoy tengo más de 60 años, y debo agradecer a la vida por lo mucho que me ha dado. Me casé, tuve hijos y también gozo del placer de ser abuelo.

A ti querido Gordo y a los otros que quedaron contigo en la montaña, quiero decirles que los recordamos siempre y que con las obras de la Fundación Viven buscamos trascender. Y si te parece que debemos hacer algo más, antes de volver a vernos,

¡házmelo saber!

A ti y a los otros, muchas gracias.
Tu amigo de siempre.
Coche.

Capítulo I: Antes

A partir del momento en que quedamos clavados en la montaña, y más aún, desde cuando en la pequeña radio que conservábamos oímos la noticia de que se había suspendido la búsqueda, no tuvimos otro sueño que el de volver a nuestros afectos; familia, amigos, lugares queridos.

Ese pensamiento, al que acompañaban las imágenes de mi madre, novia y hermanos, fue lo que mantuvo mi espíritu en permanente lucha por vivir.

Pero no estuve solo, Dios estaba conmigo, y también mis amigos que me ayudaron a lograrlo, ya fuera desde la vida, por la que luchaban al igual que yo, o desde el misterioso vínculo que nos une con los muertos.

El proyecto para cumplir ese sueño tenía una meta, un objetivo común: que todos saliéramos de allí con vida. En esa actitud, en esa determinación, estaba presente una fuerza superior, a la que yo llamo Dios (sea como sea que se conciba), que se expresaba a través del hombre y vivía en él y por él. Porque vi muchachos muy jovencitos transformarse en hombres y realizar actos de amor, no solo desde el sentimiento, sino con el modo de comportarse.

Pero todo había comenzado mucho antes, quiero decir con esto que mi vida anterior y todo lo que había aprendido en ella fueron fundamentales para que yo pudiera enfrentar el enorme reto que significó verme de golpe en medio de situaciones tan duras.

No sé cuándo nos habíamos mudado con mi familia a Punta Gorda, al número 5623 de la calle República de México. Vivimos años felices junto al mar, frente a la Playa Verde de Montevideo. Hacíamos picaditos de fútbol con arcos de un metro de ancho, y venían a jugar chicos de todo el barrio. Cuando el marinero intervenía para suspender el partido para que no molestáramos a los bañistas, si era un necio, casi siempre terminaba en el agua, o si no, se retiraba chiflando bajito al otro extremo de la playa, en donde está aún hoy el Club Náutico.

En el barrio vivían muchos de mis parientes, tíos y primos Algorta Vázquez, y también varios vecinos célebres, como Leonel Viera, quien diseñó obras arquitectónicas que son hitos en el Uruguay, y Eladio Dieste, un ingeniero conocido en el mundo por sus creaciones.

Fue por esa casa de la calle República de México que mi novia Soledad me pasó a buscar el 12 de octubre de 1972 para llevarme al aeropuerto de Carrasco. Venían en el Fusca Gastón Costemalle Jardi y Pancho Delgado, a los que había recogido en Pocitos.

Ellos estudiaban Derecho y yo Agronomía, pero Gastón era mi amigo desde la jardinera en el Windsor School. Años después, él se había cambiado al Stella Maris de los Christian Brothers, mientras que yo había seguido en el Colegio Inglés. Pancho, por su parte, había cursado primaria y secundaria en el Colegio Seminario de los jesuitas. Creo que yo era el único que había completado todos los ciclos de enseñanza en un colegio inglés y laico, donde no se practicaba el rugby, sino el fútbol.

Nunca había jugado al rugby, ya que no entendía por qué se juega con una pelota ovalada que pica para cualquier lado y hay que correr para adelante aunque la pelota se pasa para atrás. Además, se dan «como en la guerra» y cuando la patean para afuera, ¡aplauden!

Me sigue apasionando el fútbol, y en mi país soy fanático «bolsilludo», como se llama a los hinchas del Club Nacional de Fútbol, decano del Uruguay, club que formó, entre tantos cracks, a Luis Suárez.

Pero sí es verdad que la mayoría de los que viajaban en el avión eran jugadores de rugby y exalumnos del colegio Stella Maris, entre ellos, Tintín Vizintin, Roberto Canessa y Nando Parrado, los tres que salieron en la expedición final, cuando ya después de dos meses de desesperada supervivencia solo que- daba caminar hacia lo desconocido, en búsqueda de una ayuda que podía estar a kilómetros de distancia del inhóspito medio en el que habíamos caído.

En el colegio, que primero se llamaba Windsor School y luego pasó a llamarse Ivy Thomas Memorial School, fui de los alumnos que inauguró su liceo. Tenía algunos compañeros varones, pero la inmensa mayoría eran mujeres. Por diferentes motivos, cuando terminé cuarto año de liceo quedé como el único varón, lo que explica que mis amigos de entonces fueran casi todos exalumnos del Stella Maris y del Old Christians.

El Colegio Inglés era laico, pero tenía como estandarte principal los grandes valores humanistas que el poeta Rudyard Kipling plasmó en su poema «If», cuyos últimos versos dicen:

> Si puedes hablar con las multitudes y conservar tu virtud,
> O caminar con reyes y no distanciarte del resto,
> Si ni amigos ni enemigos pueden herirte,
> Si todos los hombres cuentan contigo, pero ninguno demasiado;
> Si puedes llenar el inexorable minuto
> Con sesenta segundos que valieron la pena recorrer...
> Tuya es la Tierra y todo lo que hay en ella,
> Y lo que es más: serás un hombre, ¡hijo mío![1]

[1] If you can talk with crowds and keep your virtue,/ 'Or walk with Kings - nor lose the common touch,/ if neither foes nor loving friends can hurt you,/ If all men count with you, but none too much; -If you can fill the unforgiving minute/ With sixty seconds' worth of distance run.../ Yours is the Earth and

Pienso que los valores tan bien expresados por Kipling en su poema comulgan perfectamente con la religión de los hermanos irlandeses del Stella Maris y de los jesuitas del Seminario, por lo que entiendo que tanto yo como mis amigos tuvimos una educación muy parecida. Yo, además, era y soy católico. «¿Cuál es la mejor religión?», le preguntaron al Dalai Lama: «La que te hace mejor persona» fue su respuesta, con la que estoy totalmente de acuerdo.

Esta comunión de ideales y valores fue un elemento importante para que pudiéramos manejar la situación tremenda e inesperada que nos tocó vivir en la cordillera. Además, estoy convencido de que la historia de los Andes y los valores que de ella se desprenden no son exclusivos de una religión, una raza, una clase social o un deporte. Es patrimonio de todos los hombres.

Ese 12 de octubre de 1972, en el Fusca de Soledad, cruzamos el Puente Carrasco rumbo al aeropuerto y, como era mi costumbre, saludé al departamento de Canelones, al que ingresábamos, y me despedí de Montevideo hasta el domingo siguiente. Serían solo cuatro días.

El saludo se debía a una vieja costumbre que me había enseñado mi padre: saludar y dar gracias hasta a los departamentos que forman mi país.

Felices llegamos al aeropuerto y felices subimos al avión de la Fuerza Aérea Uruguaya. ¡Nunca en mi vida volví a volar con pasajeros tan alegres como aquellos! No todos nos conocíamos, pero ese día era como si nos uniera un fuerte vínculo anterior. La alegría era el común denominador en ese avión, alegría que no cesó a pesar del contratiempo de tener que pasar la noche en Mendoza, Argentina, por el mal tiempo que volvía muy peligroso el cruce de la cordillera de los Andes.

Recuerdo cómo Gastón se divertía saltando sobre las camas de la posada donde pernoctamos, hasta que cayó al suelo cuando una de ellas cedió y se partió a la mitad.

---

everything that's in it,/ And which is more: you'll be a Man, my son!

Al día siguiente nos fuimos calladitos a tomar el bus para el aeropuerto El Plumerillo. Era la mañana del viernes 13 de octubre de 1972, día en que vi por última vez a mi querido amigo Gastón Costemalle.

Mi padre

Mi padre era el tercer hijo de los cuatro nacidos del matrimonio de don Nicolás Inciarte Caminos y doña Manuela Imenarrieta Mujica. Por ahí es que soy pariente lejano del que fuera presidente de Uruguay, Pepe Mujica.

Don Nicolás fue el primer Inciarte en llegar al Uruguay y lo hizo en el siglo XIX, junto a su madre viuda. Desarrolló actividades como peón, ayudante en tareas ganaderas y en almacén de campaña. Era muy inteligente y trabajador incansable. Se casó más tarde con doña Manuela y tuvieron cuatro hijos, que fueron: Alfredo (abogado), Adolfo (ingeniero civil), Ricardo, mi padre, (ingeniero agrónomo) y Sofía.

Mi padre estudiaba Medicina y, ya avanzado en la carrera, se tuvo que cambiar a Agronomía por indicación médica, debido a que contrajo tuberculosis y necesitaba estar en un ambiente de aire puro. Tenía adónde ir, ya que mi abuelo Nicolás a su muerte, el 22 de diciembre de 1928, había dejado una hijuela de campos, además de otras propiedades. ¡Toda una fortuna lograda en corto tiempo! Pero la enorme extensión de tierras que había sido de mi abuelo, por mala administración de alguno de sus herederos, se redujo drásticamente y queda- ron apenas 700 hectáreas en las que se instaló un tambo, don- de mi padre inició su actividad en la lechería, rama en la que llegó a ser pionero y referente en el ámbito nacional.

Se había iniciado como empleado, al trabajar como inspector de tambos, y después fue ampliando sus cometidos, ya que en el año 1936 el grupo de productores inicialmente llamado Cole pasó a ser Conaprole, cooperativa de la que mi padre fue gerente técnico industrial hasta el día de su muerte, el 27 de diciembre de 1966.

La placa que sus compañeros de Conaprole pusieron en su tumba es fiel reflejo de lo que fue su persona: «Amigo ejemplar, leal colaborador, técnico de excepción y propulsor de la industria lechera del Uruguay». La planta principal de Conaprole, situada al norte de la ciudad de Florida, lleva en su homenaje el nombre Ricardo R. Inciarte.

Yo tenía apenas dieciocho años cuando mi padre murió. A partir de entonces, en mi vida quedó un vacío imposible de llenar. Por su ausencia, por la falta que me hace su alegría y su consejo, porque era mi padre y mi amigo, porque no tengo ya con quién compartir mis más duros o más felices momentos.

Recuerdo que casi todos los fines de semana viajaba con él al campo. Me encantaba acompañarlo a un sitio que a los dos nos gustaba por igual.

El viaje demoraba horas, ya que primero solía detenerse en la bodega Vidiella, allá por Peñarol, en las afueras de Montevideo, a levantar un casillero de vino tinto y charlar con su colega, don Vidiella.

Después de pasar por La Paz, Las Piedras y Progreso, llegábamos a Canelones, donde había una planta de Conaprole en la que se hacía el queso gruyere en hormas de setenta kilos. Mi padre subía a la caja de la camioneta Dodge media horma de queso, que después degustaríamos acompañado del tinto.

Las horas iban pasando y, llegados al cruce, nos desviábamos hacia la ciudad de Santa Lucía, donde almorzábamos en el restaurante del Hotel Biltmore. Todo sin apuro, en una suave marcha de la Dodge, a la que no dejaba que superase los 60 kilómetros por hora.

Más tarde cruzábamos el viejo puente de hierro en el Paso Pache del río Santa Lucía. Saludábamos al departamento de Florida y nos despedíamos de Canelones. Luego pasábamos frente a la plantita de Conaprole de Florida, que era un galpón de chapa donde se recibía la producción lechera de los alrededores, y a veces también nos deteníamos allí. Ahí mismo está hoy el edificio de la planta de leche en polvo número 7, en cuyo frente reluce el nombre de mi padre.

En ese punto terminaba el deteriorado pavimento de bitumen y comenzaba el tramo de ruta 5 de balastro. Pasábamos por La Cruz, Pintado y Sarandí Grande, y después de Puntas de Maciel, por fin llegábamos al kilómetro 162, en donde estaba la entrada de nuestro establecimiento. Hoy la entrada se encuentra en el kilómetro 156 y medio, ya que el nuevo trazado de la ruta 5 es más directo que el anterior.

Una vez en nuestra casa del campo, venía sí el momento de degustar el vino tinto y el delicioso gruyere, seguidos de una cena, luego de la cual nos íbamos a la cama.

A la mañana temprano salíamos a recorrer el campo a caballo y no volvíamos hasta el mediodía, cuando comenzaba nuevamente el ritual del copetín previo al almuerzo. En el establecimiento ya estaba funcionando un tambo, y no recuerdo cuántas eran las vacas que se ordeñaban a mano y a la luz de varios faroles a mantilla.

El tambo más cercano de los alrededores se encontraba a bastante distancia hacia el lado de Florida. En los pueblos también había algún tambo que otro, pero solo para el abasto de su propia población.

Ya en ese entonces en Conaprole mi padre hacía control lechero, pesando una vez por mes y para cada vaca la leche producida en cada ordeñe. Eso permitía saber el total producido por animal a lo largo del año, y así identificar a los mejores. Esa era la forma en que se procuraba la mejora genética en aquellos tiempos, cuando las vacas, en vez de usar caravanas con números, eran conocidas por su nombre. También, la leche destinada a las ciudades y a la capital recibía pasteurización y control de calidad, cosa que no ocurría en los pueblos, en donde además, a la leche solía agregársele agua de dudosa procedencia. Muchas veces fui testigo de cómo, con una lata ya vieja y oxidada, de las que se usan para envasar duraznos en almíbar, se agregaba agua recogida en la cuneta del camino a los tarros de leche de treinta litros, que después eran recogidos para su distribución por un carro tirado por caballo.

> Fue en estos viajes que aprendí tanto de mi padre, de su vida, de sus diálogos inteligentes, profundos y a la vez divertidos, de sus consejos que me acompañan hasta hoy. Y todo lo llevo muy dentro de mí, aunque ya hayan pasado tantos años.

«Aquí no había nada», me decía él mostrando instalaciones y cientos de vacunos de raza Holando. Lo decía muy orgulloso de sí mismo, ¡y vaya que razones tenía! Me hacía feliz acompañarlo y escucharlo con mucha atención. Tenía el don de la docencia, que ejercía en la cátedra de Lechería en la Facultad de Agronomía.

Mi vida había sido fácil hasta el día en que, estando yo en una fiesta de cumpleaños muy cerca de mi casa, apareció mi hermana menor, que entonces tenía doce años, para avisarme que a nuestro padre le había dado un infarto al corazón. Salimos enseguida para casa con ella y mi primo Beto, y también nos acompañaron Gastón Costemalle, mi novia Soledad y algunos otros amigos.

Allí me esperaba una terrible escena que jamás olvidaré y que creo que es la más impresionante y dolorosa de mi vida: mi padre tendido en la cama y sobre él mi tío Roberto, esforzándose en apretarle el pecho para que mi abuelo le hiciera respiración artificial. Me acerqué a él instintivamente como si quisiera ayudar, la vista fija en ese pecho que subía y bajaba como si de verdad estuviera respirando. En un momento me volví hacia mi madre, que no dejaba de mirar a papá con el rostro empapado en lágrimas. El pecho subía y bajaba, hasta que mi abuelo materno dijo «basta, ya está», y cayó rendido llorando sobre ese cuerpo que quedó inmovilizado por la muerte.

Miré a mi madre, que lloraba sin consuelo la pérdida de su marido, a quien amaba. Verla llorar su pérdida en ese momento superaba aun el enorme dolor que me provocaba la mía propia. Me acerqué a ella y nos unimos en un abrazo, transidos de un sufrimiento que no puedo describir.

Desde ese momento decidí ocupar de alguna manera el lugar que dejaba mi padre. No en aquellos roles de padre y de marido que le eran propios, pero sí en todo lo que estuviera al alcance de mi circunstancia y que pudiera asumir como jefe y protector de la familia.

Pensé que me ocuparía de mi madre, quien no por ello dejaría de llorar a su marido. De mis hermanos, que igualmente llorarían a su padre. «Me voy a ocupar de ellos», pensé. Y eso no me permitió llorarlo mucho. Observaba a mi madre, a mis hermanas, a mi hermano y comprendí que el hombre debe hacer lo que corresponde en determinadas circunstancias. Y hasta hoy me he hecho cargo de todo lo que pude.

Me encargué de enterrarlo. Creo que fue mi tío Algorta quien me ayudó con los trámites. Él durante mucho tiempo también tuvo una actitud paterna para conmigo e hicimos las cosas que debíamos hacer.

Recuerdo que en el cementerio, un director de Conapro le hizo un discurso destacando la gran obra cumplida por mi padre.

Hasta hoy suelo ir al cementerio a visitarlo en su última morada. Especialmente en aquellos momentos en que quiero alguna referencia y necesito su apoyo, tanto en las alegrías como en las dificultades. Converso con él, me da mucha paz y siempre regreso con una respuesta. Es increíble, pero es así. El viejo me sigue ayudando como siempre lo ha hecho durante su vida. Desde el año 2008, mi madre también está con él.

Soledad

Soledad escribió, a los veintinueve años de edad, este relato con sus propios recuerdos de cuando nos llevó al aeropuerto.

Me había ennoviado con Coche a los diecisiete años. Antes de ennoviarnos habíamos sido grandes amigos. Siempre me contaba muchas cosas y nos reíamos mucho juntos. Yo me sentía muy bien con él; era muy cariñoso, muy divertido, muy alegre, y tenía algo inmensamente cálido en su mirada.

Un día algo cambió; nuestras mundanas y sencillas conversaciones se hicieron hondas y difíciles, nuestras actitudes perdieron naturalidad y nuestras miradas cambiaron su rumbo, y se encontraron por primera vez. Nos habíamos enamorado, casi sin darnos cuenta.

Desde entonces fui inmensamente feliz, todo lo feliz que se puede ser a los diecisiete años, en todo ese mundo mágico de romanticismo e ilusión. Vivíamos planeando y soñando el futuro, olvidándonos de que la mayor parte de las veces es incierto, y que las situaciones no siempre se presentan tal cual las hemos imaginado. Tuve, sí, como todo el mundo, algunas frustraciones y desengaños, que de alguna manera dejaron su huella, pero que casi nunca se refirieron a él, y además esas pequeñas complicaciones que surgían siempre se solucionaban. Entonces me sentía segura y capaz de enfrentar lo que se me presentara y adecuar- lo a mis conveniencias. Caminaba por el mundo con paso firme y, en general, no le temía a nada. No me daba cuenta de que mi actitud era desafiante y de que la vida se iba a encargar de darme a su debido tiempo mi cuota de sufrimiento. Pero esto, aunque lo veía, lo sentía ajeno y lejano.

El miércoles 11 de octubre de 1972 volví de trabajar como todos los días. Tenía veintidós años y era secretaria en el estudio jurídico de mi padre. Coche había tenido que irse al campo, para dejar todo encaminado antes de su viaje a Chile. Había sido invitado a ese viaje por Gastón Costemalle, su gran amigo, para llenar el vuelo chárter y pasar ese fin de semana juntos.

Desde la muerte de su padre en 1966, Coche trabajaba en el campo de su familia; un establecimiento lechero con algo de agricultura y algunos lanares. Le quedaban pocas materias para recibirse de ingeniero agrónomo. Ese día, después de dejar todo arreglado, plantó un árbol, un algarrobo, en el que iba a ser el jardín de nuestra futura casa. La vieja casa de sus padres y abuelos había sido derribada años atrás, y nosotros planeábamos vivir en un chalet que se había edificado en su lugar, al que le haríamos pequeñas reformas. Todo esto ya estaba encaminado porque faltaban unos pocos meses para casarnos.

El jardín prácticamente no existía; era un pedazo de campo abierto, separado del resto por un alambrado donde pastaban algunos animales. Dos álamos plateados crecían frente a donde iba a ser nuestro dormitorio, pero aún eran muy pequeños. Soñábamos entonces con un lindo parque, con muchos árboles que invadieran nuestras vidas con sus distintas tonalidades de verde y sus mil destellos de sombra y luz.

A las siete de la tarde Coche volvió a Montevideo, vino a verme. Al otro día volaba a Chile.

El jueves 12 de octubre me levanté muy temprano. Como yo vivía en el barrio de Pocitos, iba a levantar primero a Pancho Delgado, luego a Gastón Costemalle y, por último, a Coche, que vivía en Punta Gorda, camino al aeropuerto. Había quedado en llevarlos en el auto de mis padres y así poder despedirlos. Era un día franco de sol, solo se vislumbraban unas nubes al oeste.

Llegamos con tiempo al aeropuerto. Estaba lleno de muchachos y familiares que iban a despedirlos. El motivo del viaje era un partido amistoso de rugby. Pero varios muchachos más se habían sumado al número de pasajeros sin formar parte del equipo. Coche era uno de ellos. Este equipo estaba integrado por exalumnos del colegio Stella Maris (Old Christians), y los que los acompañaban eran todos amigos o conocidos de los jugadores. Así, casi todos los que fuimos allí a despedirlos nos conocíamos. La alegría era general.

A las nueve y cinco, los altoparlantes empezaron a llamar a los pasajeros: «Tamu anuncia su vuelo 571 con destino a Santiago de Chile». Se me apretó un poco el corazón. Siempre me han emocionado las despedidas, aunque sean con rápido retorno. Se me hace muy difícil separarme de alguien que quiero, y que de una forma u otra está presente en mi vida. Difícil el perderlo de vista, el no poder participar más que de lejos y con el pensamiento en su hacer cotidiano; difícil acostumbrarme a dejar de depender, a que él en su ausencia deje de depender de mí y a que se altere el ritmo que marca su presencia en mis horas. Sobre todo difícil cuando este alguien se ha convertido en eje fundamental de mi persona.

La costumbre de la proximidad de los seres que queremos es tan fuerte, tan arraigada, que su ausencia siempre produce un vacío. Vacío que llenamos, o intentamos llenar, con mil actividades importantes o superfluas, para que pase desapercibido este espacio libre y no nos invada la melancolía. Aunque a veces nos guste extasiarnos en ella.

Los altoparlantes volvieron a llamar. La hora había llegado. Ya todos empezaron a despedirse. Nos abrazamos… nos miramos sonrientes, nos volvimos a abrazar. Puse un chocolate en su bolsillo, no se dio cuenta.

Caminamos unos segundos abrazados, diciéndonos rápidamente y a media voz todo lo que no íbamos a decirnos en los próximos días. Ya frente a nosotros, la sala de embarque. Un último beso… un último abrazo. Su pensamiento ya en sus papeles, en su pasaje, el mío en mi soledad. Ya de más lejos, una guiñada, y en mí una lagrima, una lágrima ahogada. Subí corriendo las escaleras que llevaban a la terraza. La pista resplandecía bajo los rayos del sol. El avión estaba allí, no era grande, era blanco, con la panza gris y la punta delantera negra. A diferencia de otros aviones, tenía las alas colocadas arriba. Me paré contra la barandilla, al lado de Daniel Juan (presidente del Old Christians). «¿Qué avión es?». «Un Fairchild», me contestó.

Yo observaba las letras del avión. Lo hacía in- conscientemente, mientras no aparecían los muchachos en la pista. En grandes letras negras «Fuerza Aérea Uruguaya» y un número «571». Algo me obligó a retenerlo.

Los muchachos invadieron la pista. Todos saludaban hacia arriba, en donde estábamos. Coche entre ellos, sonriéndome. Yo también sonriéndole; la escalerilla del avión angosta, el último escalón, el umbral... su mirada en la mía por última vez; su son- risa y su adiós también por última vez. Ya todo nos separa, y cuánto más nos iba a separar.

Hoy llevo esta imagen fija en mi memoria; nunca he podido olvidarla. Entre los flashes de mi vida, este va a ocupar siempre un lugar preponderante. Por mucho tiempo esa última sonrisa iba a ser mi pilar. Por mucho tiempo ese adiós iba a ser su último regalo...

El ruido de los motores interrumpió nuestra despedida; el pájaro blanco comenzó a elevarse, todopoderoso y desafiante en la inmensidad azul. La inteligencia humana venciendo a la naturaleza una vez más.

Volví por la rambla sin apuro. El sol de octubre empezaba ya a calentar. Y entonces, en el horizonte, volví a ver las nubes negras al oeste. Un pequeño pre- sentimiento que quise desechar.

Ese primer día de su ausencia, traté como siempre de seguir el ritmo normal de mis ocupaciones, pero mi concentración fue varias veces interrumpida por el ir y venir de mis pensamientos.

Él se había ido, pero quedaba en mí. Yo estaba aquí, pero me había ido en él. ¡En qué medida importante viven los demás en nosotros, y nosotros en los demás! ¡En qué medida importante nuestros pensamientos y acciones son motivados por los demás! Basta que queramos que así sea.

Mis pensamientos seguían su curso, y así se de- tenían a cada hora, tratando de ubicarlo en tiempo y espacio. Viajaba mil recorridos, imaginaba mil situaciones; recordaba momentos vividos e inventaba otros nuevos. ¡Qué vasto y amplio es el mundo de la mente, qué ilimitado! Allí todo es posible sin mayor esfuerzo.

Como escribiera Anatole France: «Es preciso en la vida reservar a la casualidad la parte que le toca. La casualidad, en definitiva, es Dios». El 13 de octubre de 1972 marcó a fuego mi vida para siempre. Cuan- do me levanté y salí esa mañana, no podía ni imaginar los acontecimientos que se iban a desencadenar en pocas horas.

Una llamada telefónica de mi amiga Rosina intentó transmitirme con voz ahogada la noticia. Esa llamada oscureció de golpe y a quemarropa esa existencia feliz y despreocupada que llevaba hasta entonces. Tampoco podía imaginarme cuánto más doloroso y angustiante iba a ser lo que íbamos a enfrentar.

«El avión está perdido». «No ha llegado a des- tino». ¿Cómo asimilar esas palabras? ¿Cómo entenderlas? ¿Cómo mantenerse en pie cuando el dolor es tan grande que ahoga, sofoca, desgarra? Cuando esa angustia te lleva el aire que respirás, cuando el miedo paraliza todo lo vital que hay en ti. Ese día supe lo que era sentir por primera vez ese dolor, esa angustia, ese miedo.

Ninguno de ellos se puede explicar con palabras. Solo viviéndolos uno los conoce y ese conocimiento, repito, ahoga, sofoca y desgarra. Aquellos jóvenes felices, la algarabía en el aeropuerto, la última sonrisa en la escalerilla del avión se detienen... son ya un recuerdo.

Hacerse cargo

Antes de que mi padre muriera, la mía era una vida muy diferente a como lo fue después. En ese entones mi padre y mi madre se hacían cargo de mí y de mis hermanos. Mi ocupación básica era la de estudiar y también solía acompañar a mi padre al campo. A veces mi abuelo le prestaba la casa de Punta del Este e íbamos unos días. Pasábamos a buscar a unos sobrinos argentinos bastante mayores que yo, los ubicábamos en la caja de la camioneta Dodge y nos íbamos a comer a Mariskonea, un restaurante tradicional de la península.

También, con sus amigos veteranos, a mi padre le gustaba ir a tomar algo a un lugar que se llamaba My drink, en donde empezaba la Playa Brava, y me pedía que lo acompañara.

Los amigos pedían sus cócteles o whiskies, y yo, cuando iba a pedir una Coca, les oía decir «un Alexander para él», bebida que tenía crema de leche y era más suave. Entonces, así como tomaba vino allá en el tambo de la bodega Vidiella, tomaba un Alexander en My drink. Esos eran los detalles amables de mi vida, en el tiempo en que se ocupaban de mí. Después de que él murió, yo me hice cargo. Creo que durante muchos años logré hacerlo, aunque con tropezones y dificultades.

Seis años después de que mi padre muriera, en los que me había encargado de todo mientras estudiaba y trabajaba en el campo, pude aprovechar que no tenía clase en la facultad debido a un paro para irme de fin de semana largo a Chile, y así tener la oportunidad de ver cómo era el gobierno de Salvador Allende, en un país en el que un dólar rendía muchísimos pesos. Sabíamos que había carencias de todo tipo, y por eso llevábamos cigarrillos, que después del accidente nos vinieron muy bien en la montaña.

Ya había ido a Chile el año anterior con mi primo Beto, en una pick up Citroën 2CV, y habíamos pasado muy bien. El país estaba en plena campaña electoral de unas elecciones en las que el doctor Salvador Allende resultó ganador.

Pero cuando caímos en la montaña, otra vez mi vida volvió a cambiar. Así como cuando murió mi padre perdí la vida anterior en la que se ocupaban de mí, cuando caí en los Andes perdí la vida anterior en la que yo me ocupaba de mi familia. Y pensé que a partir de allí debía ocuparme de esta nueva familia, la de la sociedad de la nieve que se estaba formando.

Juro que en lo posible me ocupé, a pesar del cansancio, del esfuerzo estéril de mis pulmones y de las piernas que pesaban como plomo.

Me ocupaba de lo que podía: estaba atento a consolar a alguien que lloraba, o que era presa de un repentino desequilibrio. Trataba de ayudar como fuera si me daba cuenta de que alguno había caído en la depresión.

Por más que nuestra condición fuera desesperante, siempre era posible un pequeño gesto solidario, y yo procuraba tenerlo. La tarea empezaba por mí mismo, al tratar de controlar la angustia que estaba siempre pronta para invadirnos, lo cual no era para nada fácil. Porque allá arriba todo era conflicto. No me refiero a problemas entre nosotros, que, si bien los hubo, fueron muy pocos y esporádicos, sino el conflicto permanente con la naturaleza, el conflicto por vivir, el conflicto de no querer morir, de no dejarte seducir por la muerte, y es esa misma fuerza conflictiva la que te lleva a seguir viviendo. Y ni un segundo de paz.

¿Qué sería de mi familia sin mí? Cierta curiosidad por saberlo me invadió en esos segundos de loca carrera cuesta abajo en la montaña, instantes después de que el ala del Fairchild chocara contra uno de los picos.

Ese choque significó un quiebre profundo, tanto en el avión, que literalmente se partió en dos, como en mi vida, en la que se inició una etapa de maduración y de profundo descubrimiento de la naturaleza humana. Entones, así como a partir de los dieciocho años había tomado la responsabilidad de ocuparme de mi familia, después del accidente, y de acuerdo con mis posibilidades, traté de hacerme cargo de mis compañeros que habían quedado, al igual que yo, en el total desamparo, en el medio más inhóspito que se pueda imaginar. Lo hice como pude, y de acuerdo con las distintas circunstancias que se fueron sucediendo en esos setenta y dos días, que si bien fueron de gran dolor, e incertidumbre, también lo fueron de gran aprendizaje.

Capítulo II: Durante.
Primeros dieciséis días en la montaña

Al comenzar el viaje, en el avión había un jolgorio total. Caminábamos de un lado a otro, jugábamos e íbamos de broma en broma. Pero un primer pozo de aire logró lo que no habían conseguido las reiteradas exhortaciones del personal de a bordo: que todos nos sentáramos y nos abrocháramos los cinturones de seguridad.

Un segundo pozo de aire, más profundo que el primero, me hizo pensar que podía haber problemas. «¡Dame potencia!» se oyó desde la cabina de pilotos, y acto seguido el sonido de los motores exigidos a su máxima fuerza. La cabina se inclinó en una pronunciada subida, presionando mi cuerpo contra el respaldo de la butaca. ¡Todo vibraba! Por las ventanitas no se veía nada, solo la blanca nubosidad.

En medio de esa tremenda vibración, sobre el ruido de los motores a toda potencia, se oyó de pronto como una gran explosión. ¡Habíamos chocado contra la montaña en plena cordillera de los Andes! Fui consciente de esto, pero no tuve tiempo para procesarlo.

De inmediato cesó el rugir de motores y la cabina dejó de vibrar, solo algo como un silbido y la entrada de aire indicaban que el avión se había partido, abierto o quebrado en alguna parte. Con los ojos bien cerrados, sentí después un gran golpe o panzazo y la sensación de que nos deslizábamos muy rápido montaña abajo.

Aire, nieve y combustible pegaban en mi cuerpo, que se había reducido en su exposición al golpe, ya que iba agarrado al respaldo de la butaca de adelante y con la cabeza entre las piernas.

Siempre me pregunté qué hubiese visto si no hubiese cerrado los ojos. Qué fue lo que pasó tan cerca como para dejar- me la corbata hecha jirones abajo del nudo que la sujetaba a mi cuello.

Esperaba chocar contra una de esas tantas rocas negras que había visto emergiendo de la nieve. Tenía veinticuatro años y también pánico de morirme en los próximos segundos. Lo vi todo claro. La única vez que cerré los ojos fue cuando sentí el choque. Creo que momentos antes, cuando íbamos todos acostados por la inclinación de la pronunciada subida del avión, me miré con Pancho. Los motores hacían unos ruidos brutales y pensé «a la mierda, esto puede chocar». Y de golpe, cuando sentí la explosión, cerré los ojos. Puta, el avión chocó. Y enseguida, cuando los motores ya no hacían ruido, me dije: «este avión está volando sin nada y entra aire y hasta nieve, ¡está roto!».

Ahí, todo el tiempo con los ojos cerrados, agarrado al respaldo de adelante y la cabeza entre las piernas. Hasta que se detiene abruptamente y, por el impacto brutal, todo es arrancado de su sitio y se estrella con la parte de adelante. Y ese cúmulo de objetos y de asientos arrojados por la violencia del choque después supimos que había matado gente. Pero mi lugar no sufre ningún impacto, porque atrás no había nada. ¡Yo no sabía que detrás de mí no había nada! Había desaparecido todo. Me di cuenta cuando se detuvo y miré como para huir, para rajar, ¡cobarde!

Yo no quería ni ver ni oír, quería irme. Ese fue mi primer impulso, mi primer instinto, huir de la situación, rajar. Pero después me dije, «no se puede huir, esto ya pasó y ahora hay que ocuparse y vamos a ver cómo…». Mirando hacia atrás no podía creer que faltaba la mitad del avión en donde estaban mis amigos. ¡Gastón ya no estaba! ¡Nadie ni nada detrás de mí, yo era el último!

El silencio era lo que reinaba; el silencio absoluto. Después, como si alguien manejara el audio, empezaron los gemidos, los llantos, los gritos, los pedidos de auxilio y el típico «¿qué pasó?». Lo más impresionante era que yo estaba vivo y había muchos más que estaban vivos y sanos como yo. Sentí que la vida dejaba de ser aquel derecho que te hace dueño del mundo para ser algo diferente, ¡algo que hay que merecer!

No había espacio y no había tiempo para lamentarse, para llorar, ni siquiera para sufrir un poco. Había que actuar, manejar el caos, era imperioso ordenarlo. Nadie salió locamente corriendo, alejándose de aquel súbito horror. Todos fuimos en ayuda de los heridos que clamaban desesperadamente por alivio. Y en eso ocupamos el espacio y el tiempo, atendiéndolos, ¡y así fue que comenzó todo!

Recientes pero lejanos en la distancia estaban los días de alegría, de gozo, de trabajo y estudio, pero poco tiempo teníamos para pensar en aquello, ya que el ahora demandaba acción. Todo había cambiado, todo se había perdido y nada de nuestro pasado vivía allí. Con honda tristeza y desgarrado por el dolor, entendí que para los que estábamos vivos otra vida acababa de comenzar. ¿Tantos vivos y sanos? ¿Qué estaba sucediendo?

Aquel horizonte de mar que veía en mi hogar de Punta Gorda, lejano pero ahí enfrente, estaba ahora cercano, alto y agobiante, imposible de sortear, ¡esa montaña nos atrapaba!

El piso del fuselaje se prolongaba más allá del límite de las paredes rotas del avión, sobresaliendo unos metros hacia afuera. Atravesé el marco que formaba el borde de la parte seccionada y salí a esa especie de terraza suspendida sobre la nieve. Allí había otros que parecían estar como yo, todavía sin terminar de procesar lo ocurrido.

Solo se veía una extensión de nieve sobre la que destacaban algunas rocas negras, y también se veía muy clara la huella dejada por el fuselaje en su loca carrera cuesta abajo. Sobre todo ese desolador paisaje estaba nevando. Alguien venía trastabillando hacia nosotros por la huella. Le gritamos, pero desapareció como si la nieve se lo hubiera tragado Algunos saltamos fuera para intentar ayudarlo, pero en nuestro primer contacto con la nieve nos hundimos hasta la cintura.

No se podía huir, no se podía ocultar la realidad nueva e impresionante, y no se podía dejar de escuchar a los heridos. No se podía, incluso, ser un poco cobarde. Había que dejar de lamentarse y empezar a actuar lo más pronto posible. Yo solo tenía una herida con la forma de un siete en la rodilla. Si me caigo de la bicicleta me lastimo más.

Miro ese desastre que pinté y era todo silencio, y no lo podía creer. Estaba vestido con camisa, pantalones, medias de nylon, pero no con zapatos, que se me habían caído. Era imposible tirarse a la nieve para huir porque te hundías hasta la cintura. Me parece que yo me tiré, porque me acuerdo del terror de hundirme cada vez más.

De ahí no se podía huir, ni taparse los oídos. Y ahí fue que un jovencito de diecinueve años dijo: «vo, locos, vamos a dejar de lamentarnos y a ayudar a los heridos, miren cómo gritan».

Al ver actuar a ese jovencito pensé «eso es lo lógico, lo que tenemos que hacer».

Lamentarnos no, ¡ya chocó, ya pasó! No podemos rebobinar nada, solo actuar de ahora en adelante. Y oís gritar a los muchachos y decís, «vamos». Y ves sacar un caño de la panza de Enrique Platero y arreglarle la pierna a Alvarito, ves al muchachito, a Gustavo Zerbino y a Roy Harley sin parar de trabajar, de acá para allá, atendiendo a unos y otros.

Así seguimos hasta que la noche nos cayó encima, casi a traición, y con ella el frío, ese nuevo frío que duele y lastima. Vestidos todos más o menos así, con pantalón y camisa, mocasines y medias de nylon, nada más.

Cuando nos agarró la noche, en cierto sentido fue una especie de alivio, porque no se veía nada. No tenías que taparte los ojos. Pero el oído se agudiza en el silencio de la noche. La oscuridad era impenetrable, la vista no se te acostumbraba. No veías nada, caminabas y pisabas a la gente.

De repente veo una red enganchada en el techo del fuselaje. Entonces me subo buscando una especie de refugio para poder descansar, cerrar los ojos y olvidar por un momento el desastre, y casi enseguida se sube otro. Le dije «estoy yo», pero sentí el calor de su cuerpo y él debe de haber sentido el mío.

«Vo, loco, date vuelta que tengo la espalda congelada». Entonces se daba vuelta y me decía «no me dejes dormir porque nos congelamos». Y nos decíamos «si me duermo, pegame» o «si me quedo muy callado es porque me dormí, despertame». Así pasamos la noche hablando. Cuando lo vi pensé «este es el jovencito que ayer hizo de todo, la puta que lo parió». ¡Y después dormimos abrazados, nos dimos calor y nos salvamos! Dormí esa noche con él, pero yo no sabía quién era. A la mañana siguiente, cuando desperté, ya sabía su nombre porque nos habíamos presentado.

Dormimos en la hamaquita formada por una red que protegía el equipaje, aunque decir dormir es mucho, porque pasamos la noche tratando solo de sobrevivir. De noche, cuan- do «dormimos», me había preguntado: «¿Cómo te llamas?», «Coche», le dije, y él mc repitió «Corcho», «¡No, boludo! Co- che», y ya me entré a calentar. Los nervios se habían activado al máximo y te recorrían todo el cuerpo.

Todos, porque de los veintisiete que quedamos vivos había veinticuatro sanos. Es un milagro esto, si tendríamos que haber estado todos muertos. Eso es lo que la lógica indica y lo que pensaban en Montevideo. Pero la lógica allá arriba era un término sin sentido. Y fue así que todos los sanos fuimos a ayudar a los que lo necesitaban, tan solo con nuestras manos para dar una caricia y nuestra palabra para ofrecer consuelo.

> El hecho de estar vivo superaba la prisión a la que empezábamos a adaptarnos. La vida se mostraba por encima de todo sufrimiento; lo conllevaba, sí, pero parecía ser merecedora de ser vivida.

Fue una noche eterna, las agujas del tiempo se habían congelado al igual que nosotros. Noche oscura, impenetrable, opaca, donde la vista no se adapta. No veíamos la realidad pero se escuchaban los quejidos de los amigos. Me había salvado del choque, pero seguro moriría con ese frío que te paralizaba si te quedabas quieto. Te inmovilizaba y era como una anticipación de la muerte. Para llegar allí había tropezado con gente que gritaba y con otros que ya no lo hacían, y abrazado a un cuerpo vivo, pasé la noche más larga de mi vida.

Pensé que no volvería a ver un nuevo amanecer. Pero al cabo de las horas, que también parecían inmovilizadas por el frío, a través de las ventanitas ovaladas comenzó a aclarar un nuevo día. Era el sábado 14 de octubre. Y amaneció. Ese amanecer fue algo impresionante. Dar gracias a Dios de que yo estuviese vivo fue mucho más impactante que todo el desastre.

¡Y seguía vivo! Abrazado a otro que me había dado su calor y yo le había dado el mío. El calor del cuerpo humano salvó nuestras vidas esa primera noche. Hasta ese entonces no sabía de la importancia de ese descubrimiento: ¡la relevancia de la vida del otro para tu propia sobrevivencia! Habría que cuidar de los otros para seguir viviendo. Solo no se podía. Y esto fue una constante de todos los días subsiguientes.

Ese joven muchacho, que me había dado calor esa primera noche, fue el primero en dejar de lamentarse y empezó a actuar inmediatamente. Atendió a los heridos, organizó el caos en que nos encontrábamos y me impresionó su capacidad de servicio.

Todos los que estábamos sanos lo seguimos. Yo admiraba a ese adolescente proactivo y atrevido que se movía sin cesar ayudando al que lo precisara, sobre todo a los heridos. Apenas aclaró el día, reconocí en mi compañero nocturno al admirado joven. Se llamaba Roberto Canessa, tenía diecinueve años y era estudiante de Medicina de primer grado.

De ahí en adelante fue el Dr. Canessa... y lo sigue siendo... Fue el hombre de más autoridad...

Ya veías claridad y también ya se habían calmado muchos gritos. Yo creí que dormían, pero algunos ya se habían muerto. Entonces salimos, caminando entre los vivos y los muertos, a ver cómo estaba afuera. El día estaba precioso. Al salir vimos el desastre. Yo no me animaba a tirarme en la nieve porque me hundía, ya lo había probado.

Nos quedamos tratando de hacer un inventario de los que faltaban y de los que estábamos. Y Roberto dice, «vamos a sacar a los muertos porque no se puede dormir y acá no en- tramos todos». Me salió decirle, «vo, ¿se puede decir todo eso de otra forma?». «¿Por qué no te vas a cagar?», me contestó.

¡Mocoso imbancable!

Había que tapear enseguida, con maletas y lo que pudiéramos, el lugar donde se había partido el avión para que no entrase el frío, porque si no nos íbamos a congelar. Creo que el capitán nos aseguró: «alguien sabrá lo que paso y nos van a venir a buscar», y eso nos dio tranquilidad en esos primeros días después del accidente.

Teníamos la urgencia imperiosa de organizar ese caos en que nos hallábamos. Era una necesidad, y más al principio, ante una situación nueva, desconocida y que nos llevaría hasta el primitivismo más básico que supongo el hombre alguna vez vivió.

Nuestra vida había cambiado en minutos y no podías creer lo que tus ojos veían. Más nada sería como antes, peor no se podía estar.

Organizamos lo que se pudo, siempre esperando que de un momento a otro nos vinieran a rescatar, pues partíamos de la base de que alguien sabría ya de lo sucedido con nuestro vuelo y en qué ubicación nos hallábamos.

Marcelo Pérez del Castillo, el capitán del equipo, fue el que lideró ese primer intento de adaptación. Era el líder al que todos seguían, y nos consolaba oír sus palabras de optimismo y esperanza que aseguraban que no tardarían en encontrarnos. La culpa no era nuestra y sí de otros. Y esos debían ocuparse de mí y de todos, pues eran los culpables que siempre debemos hallar para aliviar nuestra responsabilidad.

Mirabas a tu alrededor en busca de recursos y veías el cielo con sol, el tímido sol de octubre. Había mucha nieve, que derretíamos con ese poco de sol para hacer agua.

Las rocas negras, afiladas, desnudas te decían de la inexistencia de vida vegetal y animal, ya que ni siquiera una mosca volaba por esos lugares. El fuselaje, nuestra casa, que te refugiaba del viento y donde pasabas la noche, era un recurso muy importante, porque de alguna manera era nuestro hogar, aunque el grupo humano, siempre y en toda circunstancia, era el recurso más valioso.

Otro día logramos terminar el inventario, porque seguíamos sin saber cuántos éramos. Porque en la parte de atrás del avión viajaban Guido Magri, Daniel Shaw, entre otros tantos, y esa parte, que era la cola, había quedado arriba, no sabíamos dónde. Pensamos que ellos podrían estar vivos, pero no era probable. Capaz que estuvieron vivos algunas horas, pero ¿dormir allá arriba, desparramados?, porque la cola voló como catapultada para el otro lado de la cumbre. Y ellos volaron o quedaron en la cola que había caído con violencia.

En la montaña sentía que no tenía aire, respiraba mal. La noche caía así, de repente, abrupta. Caía de golpe, y sin embargo, según la hora, era temprano en la tarde. Entonces la temperatura bajaba muy rápidamente.

Hablo mucho de la noche porque es lo que más me recordaba a mi vida anterior. Yo miraba la luna y las estrellas y pensaba que eso era lo que miraban todos desde mi casa. El cielo nocturno era el vínculo. Veías algo moverse, no sé si en ese entonces yo ya tendría algo de artista, pero veías algo moverse y eran las nubes que hacían desaparecer las estrellas. A veces se movían con ritmo, a veces ligeras, a veces pesadamente. Las nubes jugaban con las estrellas en la ventanita inmóvil del avión por donde las veía pasar. Te dejaban verlas, no te dejaban verlas. Y la luna. Cuando había luna llena veías todo el contorno y el tiempo nocturno era lo que tardaba en pasar la luna de una ventana a otra.

Ya no me acuerdo del tiempo que pasaba, pero sé que quería tocar la luna. Quería tocarla porque estaba ahí al lado, y el mundo estaba tan lejos de ahí. Y a la luna la veía todo el mundo. Como si fuera un objeto doméstico de la vida pasada. La luna de mi casa, la luna que veía en el campo con mi padre, la luna que en ese mismo momento podía estar mirando mi madre o mi novia Soledad o cualquiera de mis seres queridos, tan lejanos y tan cercanos en el recuerdo.

Por eso la noche tenía su consuelo. Era como una tregua en el dolor cotidiano. Eran las horas en las que el hogar perdido parecía más cercano y, también, cuando el hogar improvisado que habíamos construido entre todos nosotros nos mostraba el sosiego y la intimidad de su refugio.

¡Pero después, de día, decías «esto no es»! Este no es mi ambiente. De día era espantoso. De noche era más parecido a lo de antes. Porque yo estaba en un fuselaje roto, incómodo, apretado, con hambre y con sed. De noche era como si estuviera acostado en mi cama mirando por la ventana esas mismas nubes, pero de día era como estar en otro planeta, salvo alguna vez, que llegué incluso a apreciar la belleza de las montañas. Sí, hubo momentos de esos, cuando te llenás el alma de paz. Pero hasta la belleza puede ser apreciada en forma efímera.

Nada había del pasado como no fuese la noche. Allí intimabas con tu instinto, como adquiriendo una amistad súbita.

¡Nada quedaba del lugar donde vivían los hombres!

Pero otra casualidad, encontramos una radio a transistores, que una mañana fue como si nos hubiera dicho «Muchachos, se suspende la búsqueda, los damos por muertos, ya no existen». Es muy fuerte escuchar acerca de tu muerte, te da por gritar: «No, ¡estoy vivo, carajo!». Ese golpe fue durísimo. La realidad de que nos habían dado por muertos y no nos iba a buscar nadie. Pero como contrapartida, levantarse, dejar de esperar por otros y empezar a hacer algo para no morir, mientras estudiamos la posibilidad de salir de esa montaña por las nuestras. ¡No quedaba otra! Molesto y por momentos furioso con el mundo, por dar por válido algo no comprobado.

Allí se produjo una transformación en toda nuestra actitud. ¡Nos olvidamos del mundo y de nuestra vida anterior y comenzamos a gestar una nueva sociedad en la nieve!

> Ya agotado el stock de alimentos existentes en el avión, que se repartía equitativamente entre los veintinueve que éramos, la mente racional concluyó que moriríamos de hambre. Moriríamos por no tener la energía proveniente de algún alimento. No de frío, no de sed, pero sí de inanición. Los únicos recursos con los que contábamos eran nieve, rocas y hombres, tanto vivos como muertos. En ese momento piensas en el cuerpo muerto de tus amigos, que ahí y solo ahí está la proteína que te dará energía para poder seguir viviendo, y que de esa forma, tal vez, podrás cruzar la cordillera en busca de esa vida anterior, ya perdida, que por momentos tanto extrañás. De tanto pensar en eso, llega el momento de compartir tu secreto. ¡Qué impresión te llevás cuando el otro te dice que está pensando lo mismo desde hace días! No reconocés tu propia voz, pero sí la del otro. Y así, en pequeños grupos al principio y después en una asamblea general,

> muchachos de veinte años empiezan a argumentar desde el punto de vista legal, moral, religioso, teológico y, sobre todo, nutricional, sobre la necesidad de alimentarnos todos de los cuerpos muertos, vacíos de alma.

Se comenzó a compartir esa idea en pequeños grupos de amigos, ya que no quedaba nada más, ni chocolates ni mermelada ni bebidas, nada.

Cuando por primera vez escuché a alguien hablar de esa posibilidad, no me sorprendió tanto, ya que se me había pasado por la mente. Luego nos reunimos como en una asamblea y se presentó el tema de manera «formal».

Se argumentó en pro y en contra. Todo argumento en contra chocaba inexorablemente con el paredón de la muerte. Había que defender y honrar la vida que se nos había vuelto a dar. ¡El milagro de estar vivos cuando la lógica indicaba que todos debíamos estar muertos!

Así, unos rápido y otros más pausadamente, tomamos la decisión de recurrir a los cuerpos para alimentarnos. Fui entonces testigo de un pacto, el pacto más honorable, más digno, de mayor entereza que haya presenciado y vivido jamás, donde los hombres se juraron entregarse uno al otro en caso de muer- te, para que el otro viviera. Pacto de entrañable amor entre hombres, amor más allá del sentimiento. Amor en el comportamiento humano, que expresa toda condición humana. De ahí el orgullo que sentí y siento de ser un hombre.

Como todas las decisiones, se discuten, se argumentan a favor y en contra, y tanto más esta, que no era una decisión corriente, era muy difícil y muy dura, iba implícita «la vida», pero cuando una decisión se toma en grupo se potencia y uno más uno no es dos, es mucho más.

Habíamos quedado vivos en el accidente y a ese milagro había que defenderlo. Había que hacer todo para salir de allí y reencontrarnos con nuestras familias, nuestros amigos, nuestros afectos y lugares. Cualquier sacrificio lo valía.

Así fue que se selló un pacto sagrado entre hombres. «Si yo me muero tú dispones de mi cuerpo para seguir con vida» y viceversa. Nadie sabía quién sería el próximo en morir.

Este pacto íntimo fue siendo de a poco aceptado a diferentes ritmos y tiempos, unos antes y otros después. Pero todos terminaron aceptándolo. Lo sentimos similar a prolongar la vida de una persona a través de la donación de un órgano vital. Estábamos venciendo un tabú.

El tabú es algo que uno lleva muy fuerte dentro de uno. Romper ese tabú fue lo más difícil. Argumentamos religiosa- mente, con el símbolo de Jesús en la última cena; también en el aspecto legal, que no existía ley que lo impidiera; moralmente no estábamos incurriendo en algo inescrupuloso, ni irrespetuoso, desde el momento en que nosotros también nos habíamos ofrecido a los demás y, desde el punto de vista físico o médico, necesitábamos proteínas para conseguir energía.

Pero es indudable que la mente humana no está preparada para procesar dicha posibilidad. Confusión mental… dolor en el alma… imposibilidad de proceder frente a la necesidad de hacerlo. ¡Contradicciones, aunque solo aquel pacto entre hombres me mostró lo que es la dignidad y la entereza!

Durante toda mi vida he tenido que tomar decisiones, pero esta fue seguramente la más difícil, la más dura, en la que mi mente debió obligar a mi cuerpo a hacer lo que había decidido. Nunca pensé que me iba a costar tanto ejecutar una decisión tomada con la razón y obligarme a hacerlo.

Porque entre tomar una decisión y ejecutarla existe un espacio enorme como las montañas que nos rodeaban, porque primero tu mano no obedece la orden de tu mente, que debe hacer un esfuerzo sobrehumano y de autoridad para ser obedecida. Luego el proceso se repite cuando tu boca no se abre para meter un pedacito de carne humana congelada que tu mano por fin tomó y, más tarde aún, otra vez, cuando la garganta se niega a tragarlo.

Este esfuerzo de la mente sobre el cuerpo me llevó unos días. Pero cuando los procesos culminaron, pensé que me salvaba a través de esa comunión con el cuerpo y la sangre de mis amigos. ¡Hasta dónde habíamos llegado!

Si bien el proceso de argumentación de seguir viviendo se llevó a través de acciones nobles, éticas y dignas a la salvación del cuerpo, tenía otra cara, el alma humillada, ya que ni los animales comen de su propia especie. Me parecían por momentos actos aberrantes, la muerte parecía la salida, no la antropofagia. De ahí que siempre me costó tragar, pasaba y volvía en arcadas, y lo mismo le pasaba a Numa y a otros.

Pero, ¡qué capacidad de adaptación tiene el hombre! Re- cuerdo vívidamente a la gente comiendo, ya no pedacitos congelados, sino otras partes, que he optado por omitir para no herir la sensibilidad de nadie. Esta imagen es muy posterior a los días en que se comenzó a practicar, de forma muy incipiente, la necrofagia. ¡Qué primitivismo!, parecía como si la voluntad ya no se conociera o que hubiese desaparecido. ¡Y que la sustituyese el instinto!

Caníbal y canibalismo son términos relacionados con los caribes, un pueblo que vivió en el norte de los territorios de las actuales Colombia, Venezuela y Antillas menores. Los prime- ros europeos en llegar a América atribuyeron a estos indígenas la costumbre de capturar, matar y comerse a sus enemigos. En cambio, necrofagia es una palabra de origen griego, que viene de *nekros* (cadáver) y significa alimentarse de cuerpos huma- nos ya muertos. No tiene que haber necesariamente hábito y, como nos pasó a nosotros, cometimos necrofagia por no tener otra opción. Que se entienda, esta palabra no conlleva hábito y, menos que menos, significa matar para comer.

Cuando la gente confunde los términos y llama caníbal a todo aquel que ha comido carne humana, se equivoca. En alguna oportunidad nos han tildado de esto, cosa que es un error conceptual, lingüístico y periodístico. Y quiero puntualizar las diferencias.

En los Andes cometí necrofagia como única opción para seguir viviendo. Me alimenté del cuerpo muerto de mis amigos que ya habían fallecido, y esa fue la única posibilidad de continuar con vida y realizar el sueño de reencontrar los afectos de la familia. No sin antes ofrecer a los demás mi propio cuerpo en caso de muerte.

Cuando retornamos al Uruguay el 28 de diciembre de 1972, en una conferencia de prensa para el mundo, asumimos y reconocimos este hecho, con dolor, pero sin culpas. Me costó mucho tomar la decisión, pero mucho más me costó ejecutarla. No podía hacerlo, pero todos los días mis amigos me obligaban a comer. Bajé cuarenta y cinco kilos, es decir, la mitad de mi peso. Y cuando me rescataron, me quedaban solo dos días de vida por la inanición. Todos estuvimos de acuerdo, unos antes y otros después.

> Lo más terrible para mí fue vencer el hecho de saber que eran mis amigos muertos. Lo que me permitió hacerlo, entre otras cosas, fue el pacto íntimo entre nosotros. Esa entrega llena de amor, de uno al otro. Nadie sabía quién sería el próximo en morir.

La actitud, que luego fue determinación, fue gestada en un sentimiento de enorme respeto y gran amor entre todos. «Si yo muero deseo que tú tomes mi cuerpo para seguir viviendo». Como dijo San Juan: «No hay amor más grande que aquel que da su vida por un amigo». Aunque, realmente, nosotros no lo decidimos. Solo cumplimos con el deber que teníamos frente a la vida... ¡de seguir viviéndola! Ellos tampoco eligieron. Ninguno se sacrificó para dar la vida a otro; eso no sucedió. Dios o el destino lo decidió, y esa elección o criterio no puedo saberla ni conocerla. Es un misterio. He pasado cuarenta y cinco años de mi vida preguntándomelo y aún no he llegado a ninguna conclusión. Ni llegaré.

> Lo que sí me emociona es el amor con el que se hizo el pacto sagrado y creo que fue mi conflicto in- terno más difícil de superar. Y pienso que ese pacto, seguido de la comunión, es el denominador común entre los sobrevivientes para siempre. Es lo que nos une a pesar de las divergencias.

Y así me ocupaba de los otros, ayudaba a cortar carne con mis amigos. Con los primos Strauch, porque yo era amigo de ellos. Amigo de los más jóvenes. No tuve ningún problema de integración al grupo, como tuvo Pedro, todo lo contrario, lo más fácil de todo era integrarme al grupo. Lo logré con mucha facilidad, a pesar de ser de los mayores y de no haber ido al colegio Stella Maris.

Funcioné como aglutinador, calmaba la histeria y la de- presión. Pero primero me calmaba yo. Esta es la situación, me decía yo, entonces hay que resolver los problemas que se presenten.

Al principio, cuando de noche hablaban de la comida, yo consideraba la muerte como alternativa. No quería comer, hasta que los argumentos de los muchachos me fueron con- venciendo.

Primero me cuidaba yo y después estaba disponible para los otros. Estaba pasando por un proceso de desesperación, de angustia, que era constante en todos. Y acudías a unos, a otros, siempre hablándoles. De noche se veían las brasitas del cigarrillo. Era más silencioso después de rezar el rosario.

Hablabas con Dios, y cuando hacés una oración, cuando orás, Dios habla contigo. No estoy seguro de si primero me cuidaba yo y después a los otros, o al cuidar a los demás me hacía bien a mí.

Era lo que se hacía, y se hizo todos y cada uno de esos eternos días en que transcurría nuestra vida en la montaña. Se comía la ración que nos daban y se comía sin cesar aquello que era de libre disponibilidad, como una vaca que pastorea todo el día. Se repartía la carne, bien cortadita al principio, en porciones bien racionadas, no para saciar el hambre, que ya había pasado y con dolor, sino para ingerir algo de energía que te prolongase la vida.

Conservabas la poca energía o tratabas de hacerlo manteniéndote quieto. Solo el levantarme para orinar me resultaba tal esfuerzo que me dejaba jadeante.

Los que salían a caminar, a explorar, supongo que comían mucho más que yo, ya que el esfuerzo de moverse a esas alturas era sobrehumano. Las piernas pesaban tanto, respirar era un esfuerzo en sí mismo y parecía que te explotaba el pecho con el más mínimo trabajo adicional.

Conversábamos de la vida en familia. Recuerdo bien mis charlas con el capitán Marcelo sobre volver a casa y salir a comer con nuestras madres. También hablábamos sobre nuestra situación, conjeturando dónde estaríamos y cuáles eran las diferentes opciones de salida. También conversábamos acerca de toda clase de resoluciones prácticas de convivencia.

A la noche se resolvían conflictos a puñetazos o a patadas y con promesas de continuar a la mañana siguiente. Después se olvidaban porque no eran conflictos de envergadura, sino tonterías por comodidad en relación con el lugar, ya que pasábamos la noche muy apretados uno contra el otro.

A menudo tenía el pensamiento en mi casa y mi madre, en Soledad, mis hermanos y mis amigos de siempre. ¡Tan queridos! ¿Qué comerían, si estaban desayunando o qué estarían haciendo? Luego lo comparaba con lo que estaba viviendo yo y no hubiera querido contárselos aunque hubiese sido posible.

¿Quién se ocuparía de mi familia? Hacía tiempo que mi juventud había dado paso a tareas de responsabilidad, eliminando de cuajo opciones que hubieran sido propias de mis dieciocho años. ¡Hasta que llegué a subir a ese maldito avión!, donde viví las peores situaciones inimaginables que no le desearía al peor enemigo, si lo tuviese.

En esa nueva situación en que nos encontrábamos en la montaña, fruto del error humano, lo que menos me costó de todo fue integrarme al grupo humano que quedaba con vida. Tenía amigos de mi edad que estudiaban Agronomía conmigo, como Fito Strauch y Daniel Fernández. Por otra parte, Eduardo Strauch y Marcelo Pérez eran compañeros en Arquitectura. Pancho Delgado y Numa Turcatti, compañeros de Gastón en Derecho. Y con los más jóvenes me integré rápidamente y desde el primer momento, ya que a sus diecinueve años empezaban a mostrar lo que un hombre debe hacer cuando las circunstancias lo exigen.

A todos les debo mi vida, porque me cuidaron y hasta me mimaron durante los setenta y dos días en la montaña. Se preocupaban por mí, en aquella situación donde cada uno luchaba por vivir un día más. Es a ellos a los que debo todo lo que tengo, pues me ayudaron a llegar vivo al 22 de diciembre y así comenzar otra oportunidad de vivir plenamente y… ¡vaya que sí, que he vivido!

Capítulo III: Vida y memoria

Nos habíamos convertido en figuras conocidas y queridas por el pueblo, lo que para nosotros no dejaba de ser una sorpresa. La gente nos saludaba por la calle, en las tiendas nos regalaban lo que deseábamos comprar. Mi recuperación física fue tan rápida que en esos pocos días en Santiago aumenté diez kilos.

Apenas aterrizamos en el aeropuerto de Carrasco de Montevideo, nos llevaron al colegio Stella Maris Christian Brothers, en donde nos informaron que habría una conferencia de prensa con periodistas de todo el mundo. Gracias a la intervención de la querida periodista uruguaya Cristina Moran, dejaron que uno de nosotros expusiera el relato de nuestra odisea en la cordillera, pero no nos formularon preguntas: pudimos volver entonces a nuestros hogares, que era nuestro mayor deseo.

Mucha gente esperaba en mi casa y no recuerdo la hora en que me fui a mi añorada camita. Mi madre ocupó la cama vecina de mi hermano y pasó la noche en vela oyéndome respirar.

Acostumbrado a dormir cortito, no tardé en despertarme y surgió en mí la necesidad de dibujar lo que no tenía ninguna ganas de contar ¡Era todo tan íntimo y tan reciente! Pero la gran felicidad de seguir vivo me llenaba el alma. Estaba fuera de esa montaña, en mi casa, con mi familia y mis amigos, motivos que allá arriba le habían dado sentido a la vida, haciendo el dolor, la angustia y la desesperación un poco más soportables, hasta un poco más dignos. Porque si no, la humillación nos atrapaba.

¿Por qué en aquella noche del 28 de diciembre dibujé lo que viví en lugar de hablarlo con mi madre y amigos? Creo que lo hice porque me resultaba más fácil, tenía las imágenes muy cerca en el tiempo y muy claras; mi mano dibujaba casi sin pensarlo. Era yo solo y mis dibujos, no tenía interlocutor y la emoción quedaba entre el papel y yo.

En ese momento no era capaz de compartir lo vivido. Sabía que tal vez me quebraría, invadido por los tristes recuerdos, para mí desgarradores, heridas aún abiertas. Me resultaba muy difícil contarlo sin emocionarme hasta las lágrimas. Todavía lo sentía todo muy íntimo, muy mío.

Siempre me costó un poco hablar desde el alma, pero tampoco podría trasmitir nada que no fuera desde el alma. Aflorarían debilidades, todo me dolería mucho una vez más. Plasmar una imagen en un papel siempre me resultó más sencillo, sin interlocutor, sin mostrar emociones ni sentimientos. En el fondo, sin exponer lo que sentía al juicio de los otros, sin esfuerzo emocional, sin elegir palabras adecuadas que lo describieran. También me cansaba mucho contar todo lo que había vivido. En realidad quería olvidar…

La gente en Montevideo hablaba muy alto y se movía muy rápido. Había tanto ruido que a veces me asustaba. También me agobiaban tantos cuidados y atenciones, al punto que decidí irme al campo. Allí fue donde encontré mi ambiente genuino y donde más tarde me establecí y formé mi familia.

A los ocho meses me casé con mi novia Soledad, ¡tenía tanta ilusión de formar mi familia! Una familia nueva, que tantas veces en la montaña pensé que nunca tendría…

También por esa época me recibí de ingeniero agrónomo, me ocupé de la producción lechera y de sentir el placer de estar vivo, de gozar la vida, de abrir una canilla y tomar agua, de comer con variedad de opciones, de dormir en una cama con almohada y de ver el fuego en la estufa. Todo esto junto a mi querida compañera de toda la vida, que al año de casado me hizo vivir el momento más emocionante y fuerte de mi vida, cuando nació mi primer hijo, José Luis, el 7 de junio de 1974.

Pensar que yo creía que no habría momento más fuerte que cuando aquellos dos helicópteros estaban sobrevolando sobre nosotros para rescatarnos, el 22 de diciembre de 1972.

¡Vivir lo que tantas veces en la montaña pensé que no iba a vivir jamás! ¡Haber formado una familia! Esa fue la principal necesidad de aquellos setenta y dos días: la familia, los amigos, los lugares queridos.

Ese objetivo común a todos era un sueño y en pos del mismo se hizo de todo y todo se soportó. Salir de allá para estar con la familia y formar la mía propia era lo que más quería.

Después todo transcurrió en forma normal, como cualquier persona que no hubiera vivido semejante experiencia límite. Tuve con Soledad tres hijos maravillosos, José Luis (40), María Soledad (35) y María Eugenia (32). Ellos son mi tesoro más grande y el mejor regalo que recibí de la vida, junto con mi vida misma.

Después de recibirme de ingeniero agrónomo en el año 1973, trabajé durante treinta y cinco años en un establecimiento de tambo de mi familia y en el mío propio, siempre ligado a la producción de leche y algo también de agricultura.

Más tarde integré la Asociación Nacional de Productores de Leche y, en el año 1987, fui electo director de Conaprole, la más grande cooperativa de productos lácteos de mi país, cuyo directorio integré hasta el año 1997.

Actualmente tengo el campo arrendado y, al disponer de más tiempo, decidí incursionar en el mundo del arte a través de la pintura al óleo. Era también un sueño que aún no había logrado. Así que hace ya doce años y medio que me he dedicado a pintar, lo que me da muchísima satisfacción. En esas pinturas también describo recuerdos de la montaña y de otras vivencias rurales y urbanas que me vienen a la mente.

> Ninguno de nosotros ha sufrido secuelas psicológicas de lo vivido, ya que la terapia la hicimos allá arriba, todos juntos, apoyándonos unos a otros. Setenta y dos días es mucho tiempo hasta para adaptarse a ese medio y adaptarnos también a lo que nos tocó vivir. Esa es la maravilla del ser humano, su capacidad de adaptación.

Algunos tuvieron consecuencias físicas. Hay quienes quedaron un poco rengos por piernas quebradas que se soldaron como fuera en la montaña. Otros se quemaron la retina, por haber estado expuestos sin protección al reflejo de la nieve, y hubo que hacerles trasplantes para que no perdieran la vista.

Pero estas fueron pequeñeces, en comparación con las circunstancias vividas, que pudieron sobrellevar fácilmente.

No se conoce que alguien haya pasado por una experiencia similar a la nuestra. Con esto no quiero decir que nadie vivió nada peor. Hay guerras y horrores en el mundo en los que se enfrenta el hombre contra el hombre. Nosotros peleábamos contra la naturaleza, pero fue tremendamente duro y largo.

Pienso que setenta y dos días en mis sesenta y nueve años no son nada, ¡pero qué intensos fueron! No hubo nada en mi vida tan intenso y fuerte como aquello, pero sí más importante: ¡el día que nació mi primer hijo!

Fueron setenta y dos días trágicos, pero también hubo momentos superiores, que nunca más volví a vivir y a sentir, que no puedo ni quiero olvidar. Momentos que me hicieron sentir orgulloso de ser un ser humano y de compartir con otros el milagro de vivir. Mi esposa está permanentemente ocupándose de mí como si fuera un niño, mis tres hijos adorados se ocupan y se preocupan por mí, y tengo siete nietos que me dan la máxima alegría que uno puede tener en esta edad: verlos a ellos.

No estudio como lo hacía entonces, pero en lugar de acompañar a mi padre me veo acompañado por mis hijos, mis nietos, mi dulce compañera de vida, Soledad, y también por mis amigos de siempre. Que están viejos como yo, pero somos capaces de recordarlo todo. He recibido tanto que pienso que no es justo, porque siempre me faltó dar más, frente a todo lo que recibí.

El dar

Hay muchas formas de dar y de darse. En la montaña no existía nada para dar, pues nada teníamos. ¡Pero se puede dar de tantas formas! No era como aquí abajo en el mundo cotidiano, donde puedes dar unos pesos a alguien que te pide, alimentos a los que pasan hambre, dar de tu tiempo a aquellos que necesitan ayuda y también dar una sonrisa, una disposición a escuchar, a dialogar, y también es posible dar gracias, reconocer lo que se ha recibido del otro.

La gratitud es una devolución, un reconocimiento, y también es una forma de dar que va formando un círculo de encuentros y de unidad. ¡Y vaya que todo esto se hace! Pero a veces, lo que el hombre prioriza es el tener más que el dar.

En aquellos setenta y dos días en los Andes fuimos tan pobres que nada había para dar, me refiero a nada material, ¡pues nada poseíamos! Pero sí fuimos enriqueciéndonos en lo espiritual, ¡y cada vez más ricos! ¡Eso sí pudimos compartirlo! Desde el primer día observé cómo la gente estaba dispuesta a dar. Nadie salió corriendo en un «sálvese quien pueda». Todos fuimos a darnos a los heridos que clamaban por ayuda, ofreciéndoles lo único que teníamos: el consuelo a través de la palabra y una caricia que intentaba decirles que no estaban solos.

La fabricación de agua es un ejemplo del darse. Recuerdo a Arturo Nogueira dentro del fuselaje, derritiendo nieve gota a gota en un día de sol de octubre, y después de horas y horas, casi llenar una botella con un líquido de color rosado, pues tendría resto de vino.

La dio al primero, que tomó un sorbito, y así sucesiva- mente la botella fue pasando de boca en boca. Eso ocurrió cuando los que habíamos sobrevivido al accidente éramos veintisiete, por lo que cuando la botella retornó a manos de Arturo, ya estaba vacía, ¡y él no había tomado nada! Se sabía que si al día siguiente no había sol, tampoco habría cómo hacer más agua.

Él había transformado la nieve que goteaba en algo tan valioso como el agua, la dio a sus compañeros para que atenuaran mínimamente su sed y esperó al final de la rueda para llevarla a sus labios, cuando ya no quedaba ni una gota.

¡Esto es darse, con amor, con un gran sentido solidario, e implica gran desprendimiento y sacrificio!

La creatividad es la chispa de la necesidad y compartir lo creado también es dar. El ejemplo lo tuvimos en Fito, el amigo que allá en la cordillera, con gran inteligencia e imaginación, se las ingenió para inventar cosas necesarias en esas circunstancias límite y las brindó para que todos aliviasen sus dolores y pesares. Ideó la forma de hacer agua, fabricó lentes para protegerse del sol y varias cosas más. Eso fue darse a los demás para que no sufrieran como él. Sí, darse, porque te quería, te amaba, tanto, igual o más que a sí mismo. Por todo esto llamo «semejantes» a quienes compartieron conmigo la experiencia de la cordillera. Durante setenta y dos días fueron mis semejantes, mucho más que amigos.

El semejante no te juzga, no te señala, solo te quiere igual o más que a sí mismo. Te da, te ayuda y te sostiene, sin exigir reciprocidad. Piensa en ti y te enseña a imitarlo. Desenterrar cuerpos después de la avalancha que cubrió por completo el fuselaje matando a varios de nosotros fue darse por el otro. Hacerlo desgarrando tus manos que el hielo lastimaba, reventando tus pulmones por el esfuerzo. Sentir la angustia, la de- presión por la vida del otro que ya sabíamos del mismo valor que la propia.

Los expedicionarios, Nando, Tintín y Roberto, nos muestran «el darse» en su mayor dimensión. ¡Cruzar la cordillera a pie! El esfuerzo fue una hazaña extrema en la que no dudaron en arriesgar sus propias vidas para salvarse y para salvarnos.

Hubo compañeros que claramente murieron por dar y darse. Fue el caso de Numa Turcatti, quien murió el 11 de diciembre de 1972, porque dándose gastó mucha más energía que la poca que podía obtener. Su balance energético fue totalmente negativo. Fue un hombre excepcional. Gracias a estos ejemplos y tantos más digo que el camino del hombre comienza y termina dando y dándose sin exigir nada a cambio. En el fondo, dar a los demás también es una forma de darnos a nosotros mismos, no por devolución, sino por la satisfacción y la unidad que conllevan. Somos el espejo que nos devuelve nuestra imagen y esa unidad se manifiesta en la ausencia de soledad, que es sin duda para lo que el hombre no está hecho: vivir en soledad.

La reciprocidad viene sola, pues más tarde o más temprano tendrás recompensa recibiendo algo del otro. Pero la recompensa en sí misma está en el camino que transita hacia la paz, hacia la verdad, y en ese camino dejarás de ti en otros y también recibirás de otros, pues no estás solo. ¡Eso sí da sentido a la vida!

Contención

Los primeros dieciséis días posteriores al accidente, mientras estuve sano, quise ocuparme de los otros, a pesar de que el físico no acompañaba mi esfuerzo. Sí, hubo ataques de histeria. Alguien le decía a otro: «hacé algo», y ese alguien se ponía a hacerlo a una velocidad arrebatada, tirando las cosas para cualquier lado.

Entonces yo iba a abrazarlo y le decía, «pará, tranquilo, sentate a descansar, hacé las cosas sereno».

Un día soñé que estaba en la casa de un tío abuelo, en Buenos Aires, en la calle Corrientes, acostado entre la pared y el piso como lo hacía en el avión. Un sueño de delirio. Estaba ahí con un amigo y de repente me despertaron; en realidad estaba golpeándole a Alvarito Mangino la pierna quebrada. Una piña atrás de otra y él aullaba. No fue un ataque de histeria, fue un delirio, un sueño rarísimo. Seguramente por la falta de agua.

También estaban las angustias que hoy llaman *panic attack*. Crisis de angustia que allá se sucedían una tras otra. La angustia era un común denominador que vivía entre nosotros. Otro común denominador era la necesidad de resolver conflictos.

Me acuerdo de alguien que estaba llorando, no me acuerdo de quién era, sentías que alguien estaba sollozando pero no le veías la cara. Debía ser de noche. No te arrimabas a él porque no veías y para llegar tendrías que pisar a todo el mundo. Pero le decías, «che, el que está moqueando, ¿estás pensando en tu casa?, ¿en todo lo que perdiste? Mirá, estamos acá ahora, pasando esta eterna noche, esta es la realidad».

El objetivo era traerlo a la realidad, que era jodidaza pero no había otra, y le seguía diciendo «todo aquello dejalo en el pasado. No te lamentes más de lo que pasó. Vamos a ver qué podemos hacer con lo que nos pasó».

Ese era el punto. Ese era el argumento, qué hacer con lo que te pasó por más jodido que fuera. Por eso vivíamos en un solo conflicto. Era conflictivo razonar, ayudar, recibir.

Había gente con otro temperamento, otro carácter, que a veces se enojaba y gritaba.

A todo aquel que flaqueaba, le hacías ver que aquello por lo que estaba llorando era lejano y pertenecía al pasado. Que ya había sido.

No era ese el lugar en donde viven seres humanos. Los sitios habitables estaban muy lejos de nosotros. Yo les decía «nosotros acá estamos en un lugar donde no se vive y, sin embargo, estamos vivos. ¡Debemos dar gracias a Dios todos los días por eso! El milagro de estar vivos, ¡si deberíamos estar todos muertos!».

En Uruguay nos daban por muertos, porque la lógica indicaba eso. Después me enteré de que mi madre nunca había aceptado considerarme muerto.

Entonces la gente, cuando escuchaba este tipo de razonamiento, recapacitaba. Era toda gente inteligente y razonable, gente que puso todo su talento y su inteligencia al servicio de los demás. Pero de repente se perdían, como era lógico, en las memorias, en la angustia brutal en la que se vivía permanentemente, en la resolución de conflictos.

Fito me ayudaba como una madre, siempre. Me traía agua, comida. Me vigilaba que no la canjeara por cigarros.

Siempre fue el compañero que más se ocupó de mí y me mimó más. Pero es terrible cuando uno se hace débil y dependiente, condición que para mí se agravó todavía más cuando me vino gangrena en una pierna.

Contenía mis depresiones y conflictos constantes, porque allí nunca estabas en paz. Nunca podías estar en paz. Porque cuando amanecía dabas gracias a Dios de ver, a través de esas ventanitas ovaladas, el amanecer.

¡Pude pasar la noche! ¿Llegaré a esta noche hoy? Ese conflicto vuelve y ¿qué hay que hacer? Conservar la energía. No podías hacer mucho. Los días eran largos, las horas no pasaban y tenías que comer los cuerpos de tus amigos muertos.

Otros no vivieron tanto el conflicto y estaban con fuerza porque comían mucho, de lo contrario no hubieran podido cruzar la cordillera como cruzaron estas dos bestias, Nando y Roberto. Pero para mí era horrible. Siempre sentí una repulsión total por lo que estaba haciendo. Comía cada vez menos y, después de que quedé lisiado, comía menos aún porque no gastaba energía. Tenía poco que reponer. Cuidaba también de que no se enloquecieran todos, porque la locura es contagiosa, hay que poner mucho humor.

Hay una primera foto y una segunda donde yo le dije a Daniel: «vo, levantá la cara y reíte frente a la cámara, que capaz que después alguien en tu casa ve la foto». En la foto Pancho también se ríe. «Que te vean riendo y no cabizbajo». Lo hizo y está esa foto que es preciosa, yo estoy abrazando a Pancho y me parece que le estoy levantando la cabeza a Daniel.

Pancho también hacía cuentos muy divertidos. Entonces ahí te reías, te distendías y te olvidabas un poco de dónde estabas. Lo mismo era cuando rezábamos el rosario, a lo que nos obligaba Carlitos. Y también compusimos oraciones. Porque no recordábamos bien «la Salve» y la fuimos armando, ya que uno se acordaba de una parte y otro de otra. Hoy la rezo todos los días. Es la oración oficial y salió con la ayuda de todos. En ella se nombra al valle de las Lágrimas, que después nos enteramos de que era el nombre del lugar en donde estábamos.

> En mi rol de cuidador debe haber influido mi experiencia cercana con la muerte, mi padre había muerto hacía seis años. Por eso creo que mi padre me ayudó mucho de manera intangible.

Supongo que también mi padre me habrá enseñado (eso de dar y darse) y yo lo habré absorbido, internalizado, sin saberlo. Yo sabía cómo cuidar… ¡él me lo había enseñado!

Además en la avalancha me había encontrado con él. Pienso que me ayudó con la fortaleza mental. Podría explicar la fortaleza mental como la que hace que la mente ordene el caos, como cuando se pinta un cuadro a partir de una foto caótica. Del mismo modo que cuando te pones a analizar un problema, hay que empezar por lo más sencillo. Pero allá no había nada sencillo.

Recordaba cuando mi padre, caminando en el tambo, me había mostrado todo lo que había allí, ese montón de vacas Holando y las muchas instalaciones que habían surgido con tiempo, dedicación y esfuerzo: «¿Ves, Cochemba? Acá no había nada», me dijo. Eso me enseñó lo mucho que puede la voluntad y la imaginación del ser humano.

Hay mucha gente que tiene imaginación, pero no todo el mundo lleva a cabo lo imaginado. Pobre la gente que no tiene imaginación creativa o que no puede llevar las cosas a cabo, porque eso sí que significa mucho esfuerzo y sacrificio. Con la mente vos le das lugar y sentido al sacrificio.

Esa es la fortaleza. Cuando la mente manda sobre tu cuerpo, porque me imagino que a Nando y a Roberto se les deben haber doblado las rodillas más de una vez, cuando caminaban y escalaban sin equipo adecuado, sin saber si iban a llegar o no a algún lugar habitado.

«Levantate y sufrí un poco más», decía su padre a Nando cuando él estaba remando. «Sufrí un rato más, sacrificate más. Da por los demás, por ti y por los demás». Porque toda autoridad deja por el camino una cantidad de cosas.

Yo uso la palabra autoridad, no líder. El que tiene autoridad sacrifica cantidad de cosas. Pierde unas y gana otras, pero está implícito el gran sacrificio que conlleva la autoridad, ya que esta hace por los demás.

En primer lugar, la vocación de servicio que tienen exige cantidad de sacrificios. Dejar a tu familia, atender al otro y no tener tiempo de sentarte a tomar algo tranquilo.

Ese rol lo cumplió Roberto Canessa durante los sesenta y dos días previos a la caminata, durante la que Nando Parra- do fue quien asumió ese papel. Entre los que quedamos en el fuselaje esperando, con la gran incertidumbre de si Parrado y Canessa lograrían el objetivo de encontrar ayuda, el rol de autoridad lo tomaron los primos Strauch, entre ellos Fito.

Me dicen que yo tenía autoridad, pero no lo sé. A Piers Paul Read, el autor del libro *Viven*, no le conté nada. Pablo Gelsi, el traductor, me decía: «¡no le contaste nada!». Le conté tres tonterías, nada más. Lo que sale en el libro de mí es lo que le dijeron otros.

Hay momentos previos de mi vida que me ayudaron en la montaña. La imagen de mi padre muriendo, con mi abuelo llorando junto a él, fue para mí algo indeleble. Levantar la cabeza en el avión tras el accidente y ver el desastre, entre los muertos y el griterío que fue de a poco creciendo como si alguien manejara el audio. Porque primero había sido un silencio absoluto y, cuando levantamos la cabeza, quejidos, llantos y gritos. Eso también fue impresionante.

En los dos casos levanté la cabeza, estuve consciente de lo que estaba pasando. Se está muriendo mi padre y, enseguida, después de los desesperados intentos de mi abuelo por hacerle respiración artificial, fui consciente de que mi padre se acababa de morir. Entonces, así como cuando vi a mi madre llorando amargamente pensé que trataría de hacerle más soportable el dolor, ocupándome de ella y de la familia, también en la montaña me dije: «voy a ocuparme de ellos, de mi nueva familia».

> La muerte de mi padre, cuando yo tenía dieciocho años, fue mi primer golpe y también el mayor. Diferente a lo de la montaña porque me parece que si hay algo que tengo encapsulado es lo de mi padre, mucho más que la tragedia que viví en los Andes. Me estoy dando cuenta ahora.

El otro día, de madrugada, cuando escribí de mi padre, ¡lo hice con un placer! Fue gratificante como un reencuentro, que ocurre muy seguido, cuando lo visito al cementerio para charlar. En cambio escribir sobre la montaña fue horrible, fue angustiante.

Capítulo IV: Durante. Los últimos cincuenta y seis días en la montaña

El alud

Decía anteriormente que en los días posteriores al accidente peor no se podía estar. Sin embargo el 29 de octubre, cuando todavía estábamos abandonados en la montaña, descubrí que cualquiera sea la situación que se viva siempre se puede estar peor.

Creo que no hay palabras para describir el horror. En esa fecha, dieciséis días después de ocurrida la catástrofe, ocurrió lo peor que tuvimos que sufrir en la cordillera. O tal vez no fue lo peor, pero sí uno de los golpes más duros después de tantos otros que hicieron que nos encontráramos debilitados al extremo, menguados totalmente en nuestras fuerzas y anímicamente tocando fondo. Porque, desde el momento en que nos supimos abandonados, la lucha fue demasiado despiadada.

Era de tardecita, ya todos estábamos dentro del fuselaje con la casita bastante ordenada. Fue cuando el capitán Marcelo me pidió que le cambiara el lugar. A diario se rotaban los lugares, esa noche a mí me tocaba uno de los mejores y a él, por el contrario, uno bastante malo, contra los equipos de comunicación, por donde entraba el viento helado.

Por supuesto que ninguna gana de cambiar tenía yo, pero me lo pedía el capitán, a quien quería mucho y había admirado desde el principio por su comportamiento y también a través de todo lo bueno que me había revelado en nuestras conversaciones íntimas. Accedí y cambiamos lugares, por lo que me recosté junto a Bobby François y frente a Fito.

De pronto fue como si oyese a lo lejos una tropilla de trecientos caballos a galope tendido viniendo hacia nosotros. Miré hacia el boquete del fuselaje que estaba tapeado con toda clase de cosas, cuando como en una explosión todo voló hacia dentro cayendo encima de nosotros, seguido de toneladas de nieve que aprisionaron nuestros cuerpos.

> El rugir de la avalancha que se aproxima no te da tiempo a reaccionar, ves por un segundo ese blanco relampagueo e inmediatamente quedas sepultado bajo metros de nieve. Se lucha una vez más, se intenta salir y zafar de ese peso descomunal, pero es imposible, te aprieta con fuerza de titán, te roba el oxígeno y ya casi sentís que no puedes respirar… ¡y respirar es vivir!

Enseguida, la nieve, en una inmediata consolidación, nos aprisionó dejándonos inmóviles. El pie de Fito sobre mí cara formaba una pequeña cápsula de aire, pero yo estaba totalmente inmovilizado. Una segunda consolidación de la nieve me comprimió tanto que me hizo orinar.

En una situación como esa tomás conciencia de la fuerza con la que tenés que luchar. Pero comprendés con claridad que todo va a terminar así: en pocos minutos estaríamos sepultados vivos. El frío también empieza a menguar tu mente, inmovilizada y casi sin oxígeno, tu físico se entrega, comprendés que ya nada podés hacer. Paradójicamente el no poder luchar más te da cierta paz. No más dolor, no más lucha, solo administrar el poco oxígeno que queda, inmóvil, apretado como en un chaleco de fuerza, sabiendo que te vas, que la muerte llega, que ya no hay nada más que puedas hacer. ¿Cuántos minutos llevará? La propia angustia te hace administrar peor ese poco oxígeno que queda; y la conciencia de la muerte en pocos instantes te paraliza más.

Todo terminaba ya, entonces pienso en mi padre, que me está esperando, y en Gastón. Esa angustia y esa desesperación en una fracción de segundo se transformaron en la más genuina paz que jamás sentí en mi vida. Me estaba reencontrando con mi padre, el ser que más falta me hacía. Ahí, muriendo feliz y en paz, iba a abrazar a mi viejito querido.

De pronto el pie de Fito se alejó de mi cara dejando un túnel por el cual el aire volvió a entrar en mis pulmones y, como un recién nacido, a través de un grito o llanto, volví a la vida. Mis pulmones lentamente se fueron llenando de oxígeno, ¡vuelvo a nacer!

Tuve un relámpago de duda de si ir con mi padre a ese paraíso de paz y felicidad o volver a esta vida de sufrimiento constante, que era la que conocía y creía que merecía ser vivida.

¿Qué había sucedido? Fito, que tenía su pie sobre mi cara, al ser rescatado por Roy deja un canal de aire, un camino abierto hacia la vida. Esa nueva vida se desespera una vez más por luchar, es casi atávico, la lucha por la sobrevivencia se impone y logro salir de ese sepulcro.

Me levanté de la fría tumba y volví al caos. El miedo y la parálisis anterior se transformaron en desesperación para ayudar a vivir al resto de mis compañeros y con esfuerzo inimaginable volví a luchar junto con otros en esa carrera contra el tiempo.

Excavamos como animales para lograr que otros vivieran, con las únicas herramientas que teníamos: nuestras manos lastimadas y cortadas por el hielo, ya insensibles al dolor, nuestros pulmones a punto de explotar por el esfuerzo inimaginable.

Tratábamos de destapar tan solo las caras para que pudieran respirar. Pasábamos, en un instante, de la alegría de haber- lo logrado a la inmensa tristeza cuando ya era demasiado tarde para devolverles la vida. Gritos, pedidos de ayuda para escarbar hacia los que estaban enterrados y muriendo, que ya me resultaban tan importantes como yo mismo.

El espacio dentro del fuselaje se había reducido a su mínima expresión. Todo estaba lleno de nieve consolidada. Escarbar a toda velocidad, como lo hacen los perros, en esa nieve endurecida, lastima los dedos, y el esfuerzo te pone el corazón a toda máquina. Pero no se puede parar porque tu amigo está muriendo allí abajo.

Descubrí la cara de Bobby, vivo, y enseguida a otro, ¡muer- to! Marcelo recién muerto en el que iba a ser mi lugar. Javier clamaba por Liliana, ya muerta. Más tarde sacamos a Pancho, Numa y otro que no recuerdo, y estaban vivos.

> Fue una frenética carrera contra el tiempo y la muerte, donde la lógica que la razón entiende no ex- plica por qué unos viven y otros no. Hasta hoy resulta un misterio. En la avalancha perdimos ocho amigos y también a Liliana, la única mujer del grupo.

La montaña los estaba pariendo

Ahí adentro, comprimidos contra el techo del fuselaje y en una burbuja de aire rodeada de nieve y hielo, estuvimos tres días. Fue lo peor de todo, espantoso, terrible, solo sufrir y sufrir. Sin oxígeno, los vivos y los muertos apretados unos contra otros sin posibilidad de estirar ni una pierna.

Todo oscuro, sin saber si era día o noche. No hacía frío, era lo único bueno, ya que en un iglú donde no te entra viento la temperatura se viene a 0° C, bastante mejor que la de la noche sobre la nieve al descubierto.

El fuselaje había quedado totalmente cubierto por nieve y, recién después de atravesar el techo con un caño que apareció ahí (se dice que detrás de la casualidad está Dios), pudimos hacer entrar aire, que la llama de un encendedor nos indicaba que ya estaba a punto de extinguirse.

Nuestra ropa se mojaba y la desesperación crecía, porque nos imaginábamos que ya nadie nunca nos encontraría.

Algunos habíamos sobrevivido por segunda vez, pero igual moriríamos enterrados en vida dentro de un fuselaje de un avión destrozado y cubierto por la nieve.

Además tuvimos que alimentarnos de nuestros amigos recién fallecidos, ya que los otros cuerpos habían desaparecido bajo toneladas de nieve.

La inmovilidad de esos días me produjo la gangrena en mi pierna derecha y ahí todo cambió para mí. Estaba enfrentado a la muerte una vez más, pero para mí ya era diferente. En la avalancha había tenido esa experiencia de sentirme morir y fue cuando vi a mi padre. Entonces, después de haber vivido algo así, se produce un cambio, porque la muerte deja de ser lo peor que te puede suceder. Desde ahí, perdí todo temor y encontré la libertad en esa blanca y fría prisión, esa libertad que te libera… la verdad, el bien y surge la paz.

Al tercer día se empezó a trabajar para hacer un túnel hacia la cabina de pilotos. Había que pasar por la puerta que estaba al medio y luego doblar a la izquierda, hacia la ventanilla del lado de uno de los pilotos muertos.

La misma nieve que íbamos sacando con las manos se volcaba encima de nosotros, ya que no había otro espacio libre. Después de horas de arduo trabajo, a través de ese túnel, que resultó ser una obra de ingeniería, se llegó a la ventanilla y comenzó otra tarea titánica, que fue abrirla a pura patada para poder salir, tarea que llevó mucho rato.

Finalmente se abrió, la nieve que la cubría estaba suelta y, sin trabajo, pudimos iniciar el ascenso.

Desde aquel agujero negro, mojado, limitado, donde nos encontrábamos condenados y reducidos a la peor escoria humana, se vio un rayo de luz que entraba, y a través del túnel, uno tras otro comenzamos a reptar siguiendo la luz nueva y brillante que nos mostraba el camino. Nadie se puede imaginar la impresión que me dio salir y ver el nuevo espectáculo.

El cielo celeste intenso y un sol que nos abrazaba cálidamente. La nieve blanca y limpia como almidonada. Contraste de luces y colores intensos que me encandilaban luego de tres días de oscuridad.

El fuselaje, los desperdicios y la mugre que lo rodeaba ya no estaban. Todo era blanco, limpio, inmaculado, como para empezar una vez más. Estábamos en el mismo lugar, pero acondicionado para otra gente que volvía a renacer.

Sentado y extasiado por todo lo nuevo que veía, observé a mis amigos a corta distancia; uno tras otro emergían por el agujero final del túnel y contrastaban con sus ropajes andrajosos en aquel paisaje impoluto.

Era como si la montaña, a través de la nieve, los estuviera pariendo una vez más.

Pero recuerdo con inmensa emoción la idea de que alguien más estaba con nosotros: por primera vez sentí que Dios estaba ahí y se expresaba a través de los hombres allí sentados. Era Jesús, aquel mismo de Nazaret, que vivió treinta y tres años, murió crucificado y dejó al mundo el mensaje más cautivador que hombre alguno jamás dejó: «Amaos los unos a los otros, como yo os he amado». ¡Fue y sigue siendo la mayor revolución que este mundo vivió!

Con su mensaje divino, algunos de los llamados «pecados» del hombre en la tierra, para algunos virtudes, como la codicia, la avaricia, la vanidad y la mentira, cayeron y surgieron a través de los actos de los hombres, el perdón, el dar y el darse, la verdad, la misericordia y el amor que descubre el alma vacía y la llena de paz y felicidad. Se dejó de lado todo temor y afloró la libertad que te lleva a la verdad y, al final de ese camino, transitándolo, está la recompensa de la paz. Paz que me guio al mayor emprendimiento que proyecté en mi vida: hacer las cosas bien para volver a lo que más deseaba, que era la familia y los amigos…

Porque cuando estás solo con tu alma, tu vida por perder- se y sin nada material a prostituir, la familia surge como lo más necesario y querés volver a ella, ya nada más importa.

A partir de ese nuevo nacimiento fue que tomamos las de- cisiones más inteligentes y afloraron los liderazgos de aquellos que, por su inclinación de servicio, y por su mayor y mejor trabajo, guiaron a los demás.

Nando, Roberto y Tintín fueron los expedicionarios, al igual que los guerreros más primitivos. Así se decidió, tras muchos bombardeos de ideas, hacia qué lado salir, si sería al este o al oeste, quiénes saldrían y cuándo.

Se empezó a establecer la logística que soportaría las tácticas y estrategias que se definieran. No se trataba del éxito de una empresa medida por sus ingresos o lucros u otras metas. La única meta era vivir para salir de allí y así llegar al sueño y deseo común a todos: la familia.

Es muy difícil transmitir hoy en palabras las sensaciones y sentimientos de una presencia divina. Cuarenta y cinco años después a la mente le cuesta recrear momentos del pasado, pero sí sé y soy totalmente consciente de lo que sucedió y de lo que viví.

> Ese comulgar con un objetivo común fue lo que transformó aquel grupo humano en un equipo formidable, con toda la organización necesaria que, aun- que no estuviera escrita, todos respetaban.

Cambio de rol

Pero en todo ese tiempo estabas con los pies sobre hielo y eso no podía dejar de tener consecuencias. Un día amanecí con dolor en la pierna y, cuando me levanté los pantalones, vi que tenía hinchado. Me saqué los zapatos y las medias y vi que la hinchazón se había extendido hasta los dedos, que estaban de color negro. Se me habían congelado las venas de la pierna derecha y, a consecuencia de esto, se produjo la gangrena, que es originada por una bacteria anaeróbica que no necesita oxígeno.

Yo estaba en quinto de Agronomía y había visto ubres de vacas gangrenadas, que se ponen negras y caídas, y el veterinario para salvar la gangrena inyectaba agua oxigenada. Como la bacteria es anaeróbica, el agua oxigenada la elimina. Eso yo lo sabía, lo había aprendido en el tambo.

Entonces la hinchazón empezó a subir por la pierna y re- ventaba en algunos puntos. Se me abría un puntito y después otro. Incluso en los dedos me salieron cosas como callos.

Un día pasa Roberto Canessa y me dice que lo que tengo es gangrena, que se me va a ir para arriba y me voy a morir.

«Hay que cortar la pierna», dice. Y yo pensé: «pará, este está en primero de Medicina y yo en quinto de Agronomía. Él no me va a cortar la pierna».

Y dije «dame una hoja de afeitar». Y agregué «ah, lo que me faltaba. Ahora me voy a morir de una gangrena, ¿por qué?». Y al día siguiente apareció Numa con el mismo problema. ¿Nos va a venir a todos? Cinco días después se me empezó a hinchar todo el muslo, entonces agarré una hojita de afeitar y le abrí un tajo en forma de cruz. No dolía, era un alivio, porque me saltaban chorros de pus sanguinolenta. Me hacía masajes. De arriba para abajo, desde el muslo a la pantorrilla, apretaba arriba en el muslo y me salía todo abajo.

Me corté para que saliera el pus y para que entrara oxígeno; yo sabía eso. Hice una cruz para que se abriera más. Porque si hacés un tajo se te puede cerrar, pero con una cruz son cuatro puntas las que se tienen que unir. Entonces, yo apretaba y salía. Incluso un día Javier Methol estaba comiendo y se me cayó un poco de pus arriba de su comida, alguien más lo vio y se quedó mudo, y

Javier se lo comió todo, como si fuera con un poco de kétchup. Años después le conté a Javier y me dijo, «con razón ese día estaba tan rico».

No pude caminar nunca más, porque me dolía. Me arrastraba, salía y rengueaba en los alrededores del avión, me dolía y supuraba. Cuando regresé a Montevideo mi abuelo me dijo, «eso se llaman úlceras tórpidas y te va a tardar mucho en cicatrizar». Quince años tardó. Soledad me ponía las medias y me vendaba con gasas porque supuraba y ensuciaba todo.

Y por eso entré a depender de los otros y me dije, «la puta madre, ahora no puedo caminar». No caminar era no gastar energía. Tampoco tenía apetito ni me gustaba comer. Ahí era cuando Fito me obligaba. Me traía agua, me atendía y cuidaba. Me salvó la vida porque yo me olvidaba de comer.

La sensación de dependencia es atormentadora y ahí la mente te dice que hay que empezar a hacer las cosas que puedes. Yo pensaba entonces, «primero curate esa pierna, porque si la infección sigue, pasa al torrente sanguíneo y a la mierda todo, te mata. Te viene la gangrena en todo el cuerpo, una septicemia y te morís». Entonces, sabiendo esto, hice todo lo posible por evacuar y me pasaba sacando la pus, y también a Numa.

Hacíamos lo mismo, pero nos fuimos debilitando. Numa también tenía problemas para comer y además había dado mucho más que yo en todo y, por consiguiente, había gastado mucha más energía, entre otras cosas subiendo y bajando montañas en las expediciones previas.

Estando en ese estado, imposibilitado físicamente por mi pierna gangrenada y ya sin poder casi desplazarme, me sentí totalmente dependiente de los demás. Esto me producía mucha angustia y además me hacía sentir inútil.

A pesar de eso, nunca me quejé. Sí lloré alguna noche, pero en silencio, para adentro. Llorabas para adentro para que no te sintieran, porque eso era contagioso. Sentir llorar a alguien a mí me da pena. La auténtica misericordia por aquel que sufre es cuando te ponés en su lugar y sufrís junto con él.

Desde mi quietud observaba atentamente el comportamiento de los demás, tan distintos entre sí, pero que tenían un denominador común: ocuparse unos de otros, así lo hicieron conmigo.

Esto me llevo a intentar devolver de alguna manera todos esos cuidados y me di cuenta de que el humor era una gran herramienta, ¡y eso sí lo podía hacer con facilidad! Distender conflictos, enfrentar frustraciones, sacar sonrisas y hasta carcajadas, en aquella situación, parecía no tener cabida. Cuando los veía así, riéndose fuerte, me producía una gran gratificación y me sentía mejor y más fuerte mentalmente. Les estaba sacando momentáneamente un poquito de su dolor, y también alguna histeria pasajera, y me sentía útil también desde ese lugar, ¡estaba aportando algo!

La mente domina todo, y con estas sonrisas, salíamos todos distendidos y fortalecidos. A mí personalmente me hacía mucho bien sentirme tan rodeado y aportando en ese momento lo que esperaban de mí. También ellos bromeaban y se reían de mí y de mi situación, y esto banalizaba las preocupaciones y les agregaba un aspecto burlesco pero jovial.

Buscando una salida

Ya eran los primeros días de noviembre y, con ocho amigos muertos en el alud, de alguna manera nos dieron a entender que esto aún seguía y para largo. Yo suponía que nuestro calvario iba a ser largo, pero no tanto como lo fue.

Aunque después de que se percibe la presencia de Jesucristo uno encuentra cierta paz, porque veías actuar a los hombres con un amor por los demás que parecía que lo hicieran a imagen y semejanza del mismo Dios.

Yo me di cuenta de cuando de golpe el grupo cambio, como si algo nuevo los motivara, con nueva actitud, una nueva determinación, porque sintieron la presencia de Jesucristo. Empezaron a expresarse y a actuar de otra forma. Decían algunos, con expresión de ánimo: «bueno, vamos a salir de acá, ¿cuándo salimos?». «No, hay que esperar a que la nieve se endurezca, que los días sean más largos», contestaban otros, pero con mucha determinación.

Todavía hacía un frío terrible, ¿quiénes iban a salir? ¿Para el este o para el oeste? No, para abajo... para Argentina, para el este que es más fácil.

Expediciones para aquí y para allá. Tácticas dentro de la estrategia de prueba y error...

Tres de nosotros habían demostrado en una de las expediciones que, a esa altura del año, pasar la noche a la intemperie en lo alto de la montaña no mataba, pero sí te dejaba deshecho y débil.

Gustavo había vuelto casi ciego, Daniel Maspons había dejado de hablar y Numa había dejado tanta energía allá arriba que su físico disminuyó enormemente.

Las expediciones habían sido varias. Habían salido un día en una trabajosa marcha y encontraron la cola del avión, que, al seccionarse cuando el choque, había caído muy lejos. Allí volvieron nuevamente otro día con Roy Harley, que era estudiante de primer año de Ingeniería, para ver si él podía arreglar la radio del avión para que pudiera transmitir. Eso para Roy era una tarea prácticamente imposible, porque el aparato estaba totalmente destrozado y había cientos de cables desprendidos. Sin embargo, él hizo el esfuerzo y se sacrificó también, dejó en ello toda la energía que pudo, porque casi se muere.

Trató durante varios días de conectar la radio a las bate- rías, sin saber que el esfuerzo estaba destinado al fracaso. Ya exhausto, se sintió aliviado cuando, con los que lo acompañaban, volvió a subir hasta su «casita», nuestro hogar en la montaña.

Cuando Roy regresó era como un fideo fino por su flacura y debilidad. Se habían quedado como una semana allá abajo y, aunque al final resultó todo mal y Roy se hizo mierda, es indudable que se sacrificó por los demás. Lo más parecido a lo que sucedió con Numa. Al final los que estábamos peor éramos Roy y yo, al punto de que los otros apostaban a ver quién moría primero. Entonces, empieza ese proceso de decidir para dónde iríamos a salir.

Queríamos encontrar la mejor forma de hacerlo y el gran motor era reencontrar a la familia y los amigos. Son los vínculos más importantes. Eso es lo único que me importaba y estoy seguro de que todos los demás pensaban lo mismo.

Porque aquel grupo de hombres se transformó en un equipo formidable. Porque comulgaban un objetivo común, volver a la familia. Ponían todos los medios, sacaban las fuerzas de donde no tenían: Nando para ver a su padre, Roberto para que no sufriera su mamá. Yo quería volver a ver a Soledad y a mi vieja, que la había dejado sin la protección que yo creía ofrecer.

¿Qué sería de ellos? Por eso quería volver, la familia era y es lo más importante. Ahí se hicieron planes, vamos a salir tal día, vamos a hacer sacos de dormir. Cosía los sacos de dormir para contribuir en algo.

A veces yo no participaba porque estaban todos en la otra punta del avión y a mí me costaba mucho moverme. Estaba muy débil. Además de la herida, me había debilitado mucho. Me quedaba mucho rato adentro del avión con Numa y algún otro que no salía. Roy también se empezó a quedar. Fito venía a ayudarnos y nos traía agua.

Fito mantuvo siempre un muy buen estado físico hasta el final. No tenía problemas para comer, hacía ejercicio y también hizo caminatas. Pero en cambio nosotros nos veníamos deteriorando día a día.

La palabra parásito, que aparece en el libro *Viven* refiriéndose a nosotros, es un error. Parásito es el que vive del otro y, si bien yo no hacía nada y los demás se ocupaban de mí, no era un parásito, todo lo que podía hacer era hablar, contener, alegrar un poco. Como dijo Roberto un vez, «todos querían estar a la vuelta de Coche».

Yo sabía que si hacía reír era un buen remedio. Estaba seguro de eso. Mi padre era un tipo alegre, en mi casa no se escuchaban gritos ni discusiones fuertes. Era armónico, tranquilo, de mucha risa. Y allá también yo trataba de mantener ese clima. Eso también ocurre en mi familia actual. Un día había música (porque Soledad siempre pone la música que le gusta) y alguien que entró dijo: «¡qué paz hay acá!». Y con niños jugando... ¡no lo podía creer!

La frontera

Tuve lucidez a pesar de la gangrena, lucidez es la palabra. Vos tenías que controlar la angustia, porque la angustia te hace doler. Es como si respiraras con el corazón y no con los pulmones. Te duele y el dolor llega a sustituir a la razón, a la lucidez. Yo me había dado cuenta de eso y me decía a mí mismo: «si tengo angustia no puedo pensar bien».

Tenía que estar muy lúcido para hacer todas las cosas por los demás, como ellos las hacían por mí. Al final la lucidez me llevó hacia la decisión de la muerte, cuando escribí que moriría el 24 de diciembre. Porque también morir me seducía y no ha dejado de hacerlo, no ha dejado de hacerlo.

El conflicto era entre la vida y la muerte, en la frontera. En la línea. Te caías para un lado o para el otro. Eso es un conflicto permanente, estar en la línea; es el conflicto del ser humano.

Lo viví en forma exorbitante y sé que igual le encontrás sentido a la vida. Como también a la muerte. Se reían de mi situación porque estaba jodido, a ver quién se moría primero, Roy o yo. A mí no me importaba, pero Roy un día se calentó.

«Fuselaje, gente y radio»

La angustia, lo leí en algún lado, te aprieta el pecho, pero no como si alguien te lo apretara, se te aprieta el pecho y tenés dificultad para respirar, además de que en los Andes estábamos en la altura y el aire allí es escaso. Es como si respiraras con el corazón, que te empuja y te sustituye la lucidez, y te ponés a llorar, no estás lúcido y no podés pensar. Por eso hay una pastillita que te dicen «tómala y se te va», como el Aceprax. Una vez tomé una más fuerte, me sentí feliz y quería más. El psiquiatra me decía «no, es adictivo, como la morfina». ¡Pero allá arriba no había ninguna pastilla!

A veces allá en la montaña sentías puteadas, después carcajadas y discusiones políticas. Porque el Vasco era de derecha y Arturito de izquierda. Estaban muy juntitos siempre porque eran muy amigos. Los recuerdo siempre mirando un mapa. Porque había que ubicar dónde era Curicó, lugar que había mencionado el piloto antes de morir. No sabíamos si era un cerro, un río o un pueblo. «Busquen en este mapa», les había dicho, dándoles una carta de navegación aérea, pero del lado chileno estaba lleno de lugares y del lado argentino no había nada. Los recuerdo así, buscando en el mapa a Curicó. Pensamos que si habíamos pasado Curicó, como había dicho el piloto antes de morir, los verdes valles de Chile estarían detrás de la enorme montaña que teníamos enfrente.

Por eso los expedicionarios en la salida final fueron para el oeste.

> Al final se haría lo que dijera Nando, iríamos hacia donde él quisiera salir, salvo que dijera al norte o al sur; lo que Nando quisiera. Era él quien tenía la voluntad de salir, el único. ¿Quién lo acompañaba?

Salir de ahí, el miedo que tendrían, el cagazo, yo me imagino que por eso Roberto demoraba la costura del saco de dormir, la rompía, estaba de mal humor. Había que bancarse también los malos humores. El cagazo que tendrían, que no era el caso de Nando. Él quería irse desde mucho antes. Menos mal que pasó esto, que salieron el 12 de diciembre, era el día indicado, porque durante el trayecto no nevó nunca.

Roberto, a pesar de su miedo, salió igual. El coraje nace del profundo miedo. Roberto tenía un miedo profundísimo como lo hubiera tenido yo. El coraje es pensar «tengo miedo pero esto lo tengo que hacer». Igual si nos vamos a morir mirándonos las caras, me muero caminando con Nando.

El 11 de diciembre murió Numa, fecha de cumpleaños de Gastón y de Javier, y esa desgracia decidió la salida de los tres expedicionarios al día siguiente. Numa era merecedor al premio del esfuerzo, de dar y darse a los más necesitados, ir a todas, superando la fatiga y obligando a su cuerpo a sufrir un poco más. Pero el premio a la virtud está en la virtud misma.

¡Numa era en esencia un hombre bueno! Nunca se cansó de serlo…

Desde ese momento siento que la muerte no es un castigo, como se usa en la Tierra (pena de muerte), sino que, en circunstancias muy especiales, es la paz. Cuando morimos, los que sufren son los que te quieren y permanecen viviendo en este mundo, sin pensar que el alma del que murió está en un paraíso de paz y felicidad. Acaba la vida pero nunca la existencia. Esta es eterna, como las montañas.

¿Por qué yo seguía vivo? Me salvé en el choque del avión con la montaña, Gastón me llamó para que me sentara junto a él en la primera fila del fondo, en ese momento otro ocupó ese lugar y me fui adelante pasando el ala y me senté a la izquierda, junto al flaco Menéndez, que acababa de conocer. No me morí de frío la primera noche porque el calor humano lo impidió. Cambié de lugar con el capitán Marcelo, a pedido de él, y este murió en el alud en mi lugar y yo me salvé en el suyo. Finalmente, cuando ya había determinado dejarme morir en la Nochebuena del 24 de diciembre, dos días antes Nando se apareció con dos helicópteros, después de haber cruzado la cordillera de los Andes con Roberto Canessa caminando, trepando, escalando y sufriendo el medio más hostil e inhóspito durante diez días. Así fue que se nos ubicó en aquella inmensidad…

Gastón Costemalle (1949-1972).

La pinté a pedido de mi hermana mayor, Marta, que igual o más que yo, añora aquella época en que vivíamos junto a nuestros padres. Era residencia de verano de mis abuelos maternos, Alberto Vázquez Barriere y Mary Callander. Se la habían cedido en préstamo a su hija mayor, mi madre, y a mi padre, a quien sospecho mis abuelos adoraban. Fue aquí donde viví con mi familia: padre, madre y hermanos. Fue aquí donde mi vida transcurrió como estudiante, cuando me encantaba acompañar a mi padre al campo. Hasta que abruptamente todo se acabó. Apareció ante mí un negro abismo cuando el viejo murió. No caí en ese abismo sino que, y hasta con asombro de mí mismo, decidí ocuparme de lo que él había construido. Lo decidí con mente fría, en lugar de llorar y lamentarme. Él ya estaba enterrado y había que mirar para adelante, y ver qué hacer en esta nueva circunstancia. Por eso, esta pintura figurativa es de la casa donde fui feliz con el cariño y protección de mis padres. Cuando me casé con Soledad seguí ocupando esa casa y entonces era ella, mi gran amor, quien se ocupaba de mí como lo hace hasta ahora.

No tuve mucho tiempo de ocuparme de mi padre. Vuelvo regularmente al panteón donde lo dejé el 27 de diciembre de 1966, y hablo con él. También, cada vez que paso por la puerta del cementerio del Buceo, aún casi cincuenta años después, le digo: "Viejo, te quiero y te extraño mucho". ¡Quisiera tanto volver a verlo!

El avión estaba allí, no era grande, era blanco, con la panza gris y la punta delantera negra. A diferencia de otros aviones, tenía las alas colocadas arriba. Me paré contra la barandilla, al lado de Daniel Juan (presidente del Old Christians). «¿Qué avión es?». «Un Fairchild», me contestó.

Este dibujo representa la montaña que nos albergó durante setenta y dos días. Abajo se ve como si fuera un cerro alargado, un cuerpo con el brazo en paralelo hacia atrás. Puede ser el cerro coronado por la tumba en donde están nuestros amigos que murieron en la montaña y está representado por un cuerpo acostado y boca abajo. Arriba del cuerpo se ve una mano dada vuelta, que representa la mano que nos guio, que apareció cuando más la necesitábamos y que nunca se cansó de estar.

Arriba, otras manos abren la montaña, las manos de la fe, y más atrás están los ojos de ese mismo cuerpo que observan nuestro comportamiento y nuestra actitud para con esa vida que nos tocó vivir. Esta memoria está dedicada a mi familia: esposa, hijos, nuera y yernos, y a mis cinco nietos, que tantas veces en la montaña pensé que nunca llegaría a tener.

Este dibujo lo hice en junio de 2002. Es totalmente figurativo para que se entendiera bien. Es una jornada común, llevada a cabo diariamente, donde están algunos pocos lamentándose de lo que hay que hacer, otros muy calmos haciéndolo; supongo que el que lleva el alimento es el capitán. Cada uno tomaba su diaria ración, que ya venía en pequeños montoncitos. Del otro lado del avión era donde se preparaba la bandeja. Representa mucho más de lo que muestra. Es la ejecución de una decisión ya tomada, única salida para defender y honrar la vida, rompiendo así con un tabú muy arraigado dentro de cada uno.

Para mí fue mi más íntima comunión, dolorosa, cruel, pero que mi mente me obligó a hacer para sobrevivir. Y cuando lo hice por primera vez –que me costó tanto–, me sentí salvado; tuvo sabor a esperanza.

El primer dibujo lo había hecho en 1972. Allí mostraba el momento en que el pedazo de avión se detiene, después de haber chocado contra la montaña y de haberse deslizado a gran velocidad por la nieve. Pero aquel dibujo era un poco diferente. Solo había contra la pared asientos, cuerpos entrelazados entre sí, zapatos desperdigados, alguna ropa suelta y rostros que parecían gritar y pedir auxilio.

Esta es una pintura al óleo que hice en junio de 2002, un tiempo después de que empezara a pintar en el taller de Sergio Viera (Cruz del Sur). Representa lo primero que vi cuando levanté la cabeza de entre las piernas, después de que el pedazo de avión detuvo en forma abrupta su deslizamiento por la nieve, montaña abajo, desde el lugar del impacto.

Esos gritos fueron los que rompieron el primer silencio después de que el avión se detuvo. También había dibujado a Fito, con la cara hinchada, preguntándome «¿Qué pasó?». Y yo observando todo, sin ninguna herida y consciente totalmente de lo que había sucedido. Impactado e impresionado por ese cambio ocurrido, ¡pero sobre todo por estar vivo! Esta pintura recoge lo del primer dibujo, pero también vierto en ella lo sucedido durante setenta y dos días. Cuerpos desmembrados y desgarrados… Color rojo por doquier, por la sangre que nuestros cuerpos derramaron y el desorden corpóreo, que nunca pudimos poner en orden pero que en esta pintura traté de ordenar con formas y ritmos, y sobre todo sintetizar. También se ve la nieve por las ventanas ovaladas y por el parabrisas que aprisiona a los pilotos. Arriba, al centro, en rojo, el cartel de «Exit» que se dejaba ver toda la noche. ¡Era irónico! ¿Cómo salir de allí?

Muchos de los que aquí figuran son hijos o hermanos de quienes fueron recompensados por la alegría del reencuentro. Otros no lo fueron. A ellos va dirigida mi más eterna gratitud. Están en la tumba, pero para mí nunca murieron, pues nunca los olvido y existen en mí para siempre, en la existencia del ser humano se comparte la vida y luego la muerte.

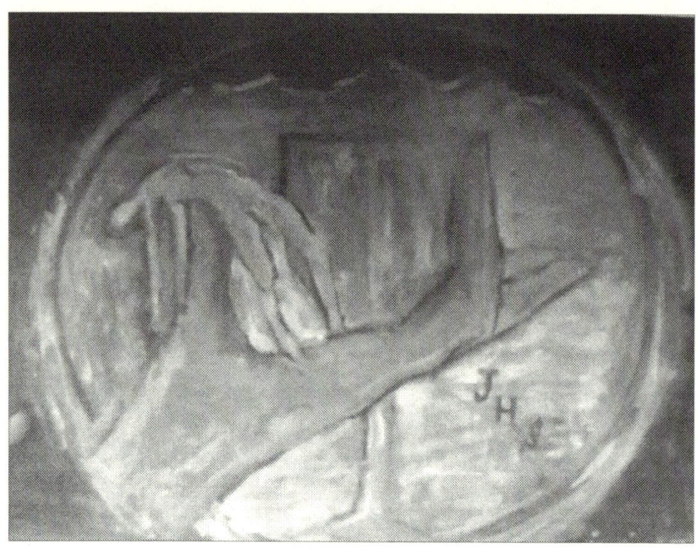

Es la misma mano que nos fue tendida desde el principio que sostiene un cuerpo humano y un cáliz. Cuerpo y sangre que defendieron y honraron la vida, y más allá de esta. La comunión que nos permitió vivir. Hay montañas al fondo y se ven a través de una ventana o una hostia. Representa una imagen sacramental. Este cuadro lo pinté para una exposición de temas religiosos. ¡Siempre sentí que representa mucho más de lo que muestra!

Yo he discutido con Nando sobre Dios y él me ha dicho «qué voy a creer en Dios si mi madre y mi hermana murieron allá». Y le digo, «pero vos te salvaste, Nando, yo me salvé, todos tendríamos que estar muertos». Y me contesta, «pero vos llegaste a tu casa y estaban todos, yo llegue a la mía y no había nadie». «No, no, hacía seis años que yo ya no tenía padre, que lo había perdido. Vos tenés a tu viejo y por él hiciste todo lo que hiciste». O sea que gracias a Dios volvimos dieciséis, ese es el milagro. Ese es el milagro, porque tendríamos que estar todos muertos. Después, la gente entendió o no entendió lo que paso allá. Pero alguien que entendió eso fue Fito. Fito Strauch hoy, cuando dice las cosas, las dice igual que yo. ¡Coincidimos mucho en la visión de lo que pasó!

¡Recordar esta imagen es desgarrador! ¡Un compañero muriendo!

Haciendo agua.

«Manda una sonrisa». El humor, los chistes que hacíamos. De golpe decíamos «che, pará, que está Liliana acá», y ella, la única mujer del grupo, esposa de Javier Methol, que también estaba allí, contestaba, «no, por favor, chicos, sigan». Se mataba de risa. «Por favor, no paren», nos decía. Ella significó mucho para nosotros y fue una gran pérdida cuando murió en la avalancha.

Es una representación de lo que fue un día tras otro: monotonía, conservando la poca energía y haciendo agua. ¡Qué importante tarea! Hay un muchacho sin camisa, por lo tanto debe ser diciembre. Se ve la radio al lado del que está acostado en primer plano. Fue nuestro único contacto con el mundo, donde vivían los hombres. ¡Sentir los jingles en la proximidad de la Navidad nos daba mucha tristeza y la apagábamos!

La mano de Fito trayendo una botella con agua para mí. ¡Fue grandioso!

Este es un dibujo figurativo donde se ve cómo pasábamos dentro del fuselaje, semiacostados, apretados, sin mayor posibilidad de movimiento durante el día, si había tormenta, y durante todas las noches.
Verlo me resulta como volver a vivirlo y juro que fue terrible. Nos dábamos calor, sí, pero estábamos regalados frente a otro alud. A veces oíamos algún desprendimiento de nieve y nos parábamos como resortes.
Aprovecho para mostrar a Carlitos cuidándome mi pierna herida. ¡Fue así y pasaron cuarenta y cinco años! Recuerdo que cuando había tormenta, entraba mucho viento y nieve, y a la mañana siguiente amanecíamos cubiertos de una fina capa blanca.
Hasta el día de hoy no entiendo cómo pudimos soportar así setenta y dos días. Es un recuerdo y una visión muy desagradables. ¡Hasta el olor recuerdo hoy con angustia!

El 12 de diciembre de 1972, despidiendo a los tres expedicionarios.

Vivos y muertos, despidiéndonos. Valijas con sus pertenencias para sus familiares. Y Dios orientando a los helicópteros, con auriculares, y mostrando como siempre el camino para el que quiere abrirle su alma.

Helicópteros llegando a rescatar a los sobrevivientes.

La llamo "Montaña". Es simplemente la cordillera, que pinté haciendo que jugaran las formas y el ritmo. La he visto cientos de veces desde el aire y siempre me parece ver el valle de las Lágrimas, ese cajón con forma de herradura que parece repetirse constantemente. Esto se percibe desde el aire, aunque supongo que Nando y Roberto, quienes la cruzaron a pie en aquella expedición final, no estarían de acuerdo en que se repite. Se ve majestuosa e inmensa, y recuerdo que estuve preso ahí, que viví setenta y dos días en ella y no puedo creerlo. ¡A veces me parece una ficción!

La noche.

Soñado valle chileno. ¡Era verdad!

La tumba en el valle de las Lágrimas.

Yo, Soledad y mi madre.

Mi casamiento rodeado de los jóvenes sobrevivientes y de Carlos Páez Vilaró.

José Luis Coche *Inciarte con su esposa Soledad González Mullin y sus hijos María Soledad, María Eugenia y José Luis.*

Coche celebrando su cumpleaños junto a su esposa, hijos y nietos.

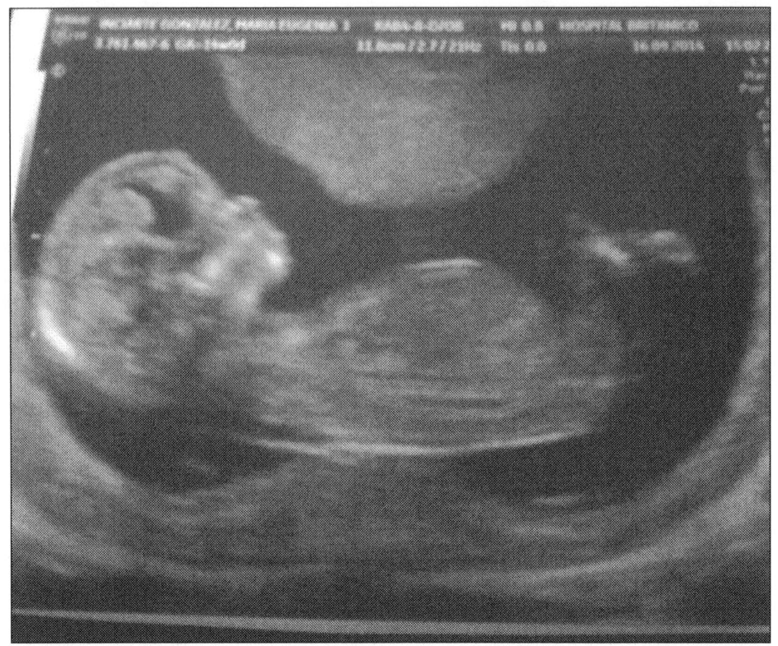

Ecografía de mi nieta Julieta.

Coche imparte una conferencia sobre el accidente en los Andes.

Capítulo V: Recuerdos

Tres caramelos

Pienso que cuando uno hace buenas acciones para con los demás, tarde o temprano, vuelve también algo bueno. Fue lo que ocurrió con Liliana Navarro de Methol: mujer junto a la que a todos nos gustaba estar, quien impartía justicia con la poca agua que podíamos fabricar en octubre, rechazaba cualquier prebenda por ser del «sexo débil» y era más fuerte y con mucho más de aquello que a muchos hombrecitos nos falta en la Tierra. Aceptó, sí, el toilette que le hicimos para su intimidad. También, después de varias negativas, aceptó cambiar de lugar una noche conmigo. Yo se lo ofrecí porque el lugar de ella era horrible y yo me sentía muy bien. Fue así que pasé casi toda la noche de pie por no poder acostarme, ni siquiera sentarme. Recostando la cabeza sobre los brazos apoyados en el estante de arriba de los asientos, dormité parado como un caballo. Durante la noche silenciosa, oscura y terriblemente fría, encontré tres caramelos de dulce de leche hurgando en los estantes. Tuve un primer impulso de seguir las normas existentes que me obligaban a compartirlos, pero era fácil darse cuenta de que solo daría para un lengüetazo cada uno. Pensé que el hallazgo era fruto de la buena acción que yo había tenido para con Liliana y que me correspondían a mí y solo a mí, eran mis caramelos.

Creo que me llevó una hora el proceso de desenvolver el papel que cubría cada caramelo. Lo hice muy despacio para que nadie oyera el crujir del papel. Después lamerlo, meterlo en la boca y, con esta bien cerrada, para que no se perdiera ni oyera nada, saborear el dulce y sentir con gozo cómo bajaba hacia mi reducida pancita. Después repetí el proceso con el segundo caramelo y pensé en guardar el tercero, pero como nadie se había percatado, me lo comí sin dejar huellas. ¡Me sentí tan bien!

Un día, ya más en noviembre o diciembre, Fito me trajo el mejor regalo que recibí en mi vida, una botella llena de agua para mí solo. Durante muchos años después, para Navidad, le mandé de regalo, donde estuviese, un Johnny Walker Black Label. Fue por estas acciones y muchas más que no me morí. También los demás compañeros me trataron y cuidaron como si yo fuese muy importante para ellos.

El rosario

Con respecto al rosario, Carlitos era el experto. Nos hacía rezar todos los días, estuvieses con Dios como amigo o muy disgustado con Él. Porque más de una vez, y después de las reiteradas frustraciones, emergía la ira, y el destinatario era ese Dios, culpable de tanto sufrimiento.

Le preguntábamos qué habíamos hecho para merecer tal castigo. Porque créanme, fue mucho más duro y doloroso de lo que cualquier libro o película muestra.

Algún libro de los escritos por mis compañeros podrá ser más duro o más detallista que otro, pero recuerdo que todo fue mucho peor de lo que se sabe. En esos setenta y dos días fuimos las personas más pobres del mundo, los más desposeídos, los olvidados y dados por muertos. Soportamos la sed, el frío, nos alimentamos de nuestros amigos, humillados hasta el fondo del abismo. Eso, durante los setenta y dos días, en forma constante y simultánea en cuerpo, alma y mente. ¡Sin fin!

Pero rezar nos daba sosiego. Era como si habláramos con Dios y en la oración Él hablara con nosotros. Rezábamos la Salve, que en una parte dice sobre «este valle de lágrimas», sin saber que así se llamaba precisamente el lugar en que estábamos.

La libretita

No todo eran pérdidas, yo seguía vivo y había escrito en una libretita que encontré por ahí todo lo que haría si me salvaba. Volvería a mi casa de Montevideo, acamparía cerca de la cocina y la heladera para abrirla cuando me placiera. Me acostaría en mi cama, tendría un pijama celeste con vivos azules y una mullida almohada. Llamaría a mi madre y a Soledad y estas vendrían solícitas a cubrir mis necesidades. Más tarde me casaría con Soledad para formar mi familia, la mía propia, y me iría a vivir al tambo en Puntas de Maciel, Florida. Tendría mis hijos y trataría de transmitirles todo aquello que se me había revelado y dado a conocer en los setenta y dos días en la montaña. Todo lo que se puede perder en un instante y todo lo que te queda como patrimonio del alma, que es de una fuerza inconmensurable y que te da también la voluntad de vivir, aun en el sufrimiento, y, cuando este termina, ese patrimonio que te sigue acompañando, que son valores, hace de ti un hombre completo y te lleva por la senda de la felicidad hacia la paz, que es lo que todos buscamos.

Pienso que ese futuro que escribí en aquella libretita, que aún tengo, ya lo realicé, lo viví y lo disfruté. No sin tropiezos, no sin dejarme atrapar por lo terrenal y material muchas veces, pero he vuelto a salir. Lo único que no escribí, y que se me dio hoy como regalo, ¡fue el placer inmenso de ser abuelo! Quiero compartir todo lo que intenté en la vida y creo que sirvió, ya que mis tres hijos lo demuestran en el diario vivir, en sus familias, sus amigos, sus trabajos. Son los hijos que soñé tener, y mejores aun. Me llena de orgullo ser su padre.

Todo esto hubiese sido imposible sin mi dulce compañera Soledad, que ahora los nietos llaman abuela Buba. Ella me ha acompañado, siempre amorosa, paciente e inteligentemente. Pienso que ella es lo mejor que la vida me ha regalado y, después de cuarenta y un años de matrimonio, me sigue acompañando. Con ella lo hicimos todo, lo tenemos todo y lo legaremos todo. Se trata de valores. Pero valores verdaderamente humanos, distintos de los que tienen algunas sociedades o individuos de ciertas sociedades, para quienes el único valor es el poder.

Entre nosotros

Daniel Fernández tiene hasta hoy a su disposición un «esclavo», Bobby François, quien le juró que lo sería de por vida, agradecido por todos los cuidados recibidos. También era conmovedor ver la forma en que los muchachos atendían al Vasco y a Arturo. ¡Con qué cariño los alimentaban y curaban!

Alvarito, con la pierna quebrada, nunca solicitó ayuda, se arrastraba por la nieve con sus manos y todos los días salía para trabajar en la fabricación de agua o en la costura del saco de dormir.

Carlitos, después de haberme escuchado una vez cantar la Marcha de Tres Árboles (un himno del Partido Nacional, mi partido político), se hizo cargo de mi pierna herida, ¡cuidándola hasta el último día!

Hubo, sí, situaciones que me molestaban y me daban bronca. Daniel cuidaba sus preciosos zapatos como si fueran un tesoro. De noche se los sacaba y los guardaba en el estante de arriba, muy juntitos y ordenados, y yo pensaba: «qué pelotudo, ¿dónde se cree que está?».

En cuatro ocasiones hicimos fuego con las maderitas de un cajón de Coca Cola, para cocinar la carne sobre una plancha de aluminio. Era cuando yo me recuperaba, pues estaba con los primos Strauch y garroneaba de lo lindo. Eduardo se negaba a mis ruegos, ya que decía que el alimento se reducía al cocinarlo, lo cual era verdad, pero también era innegable que, al estar la carne asada, me era más fácil comer y entonces podía ingerir más. Ante su negativa, me daban ganas de ahorcar a Eduardo, pero llegó el día en que la madera se acabó y nadie te daba un billete de dólar para prender el fuego.

Cuando apareció una valija llena de cigarrillos y empezaron a repartir, le llegó el turno a Pedro y, un segundo antes de que él dijera «no fumo», le dije «decí que sí y me lo guardás». Cuando acudí a reclamarle el pacto, me dijo «¿y tú que me vas a dar a cambio?». Le ofrecí dólares: negativo… al final trancé por parte de mi ración diaria. En su libro dice que hacía de todo por integrarse al grupo… De todos modos, gracias a esa reserva que Pedro había atesorado, me fue posible fumar sin mayores restricciones.

Una noche Numa se enojó con Tintín, no recuerdo por qué, pero que Numa se enojara como lo hizo me enfureció a mí también y, a través de la oscuridad más absoluta, reté a Tintín para batirnos a duelo a la mañana siguiente. Nada sucedió y Tintín se salvó de una paliza. Todo lo negativo se olvidaba rápido.

Liliana

Unos renglones aparte me merece Liliana, la única mujer que sobrevivió al accidente. Esa característica que poseen la mayoría de las mujeres, el dar protección y cuidado, ella la ejerció para con nosotros como si de sus cuatro hijos se tratara. Su cara transmitía amor y se comportaba demostrándolo. A todos nos gustaba estar con ella como pollitos con su gallina. Nos enseñó a cuidar, dar, darse. Era justa, valiente y corajuda. Después de que murió en la avalancha, vi actuar a mis compañeros con los más necesitados a imagen y semejanza de ella. Esto no los hizo afeminados, sino más completos como hombres. Como escribió Karl G. Jung, «Todo hombre lleva dentro también su lado femenino (ánima, animus)». Llegó el momento allá arriba en que las circunstancias nos llevaron a expresar nuestro lado femenino, traducido en protección, cuidados y amor hacia los otros. ¡María también estuvo allá arriba!

Recuerdo a Javier yendo al lugar en donde yacía el cadáver de Liliana todos los días, se arrodillaba y hablaba con ella. Me embargaba el corazón de pena y me sentía tan triste que trataba de no mirar. Treinta años después, en una de esas reuniones frecuentes, Javier nos contó que un día salió para efectuar el rito con ella y no la encontró. Pensó entonces que su cuerpo había sido usado para alimento y guardó esa idea sin compartirla. Nosotros habíamos acordado que los cuerpos de la madre y la hermana de Nando serían los últimos a los que recurriésemos, y a Liliana la habían puesto junto a ellas con la misma idea. Y así se lo dijimos a Javier. ¡Estoy viendo la cara de Javier entre sonrisas y sollozos!

La expedición final

Llegó el día de la expedición final, 12 de diciembre de 1972. Mes y medio de preparación y logística en los que los tres expedicionarios se alimentaban ad libitum, todo lo que querían. No rotaban por las noches, dormían en los mejores lugares que ellos elegían y tomaban las mejores ropas. A cada uno se le entregó una mochila completa con lo necesario para una semana de caminata. La de Tintín aparentaba ser la más pesada. Los demás seguíamos las reglas generales, la pequeña ración diaria, rotar de noche y no quejarse del malhumor de algún expedicionario.

Salieron muy temprano, rumbo al oeste, a subir esa enorme pared que nos rodeaba como una herradura. Lo hicieron en forma directa, pues no sabíamos que pudiera realizarse de otra forma. No quisieron ir para el este, porque decían que había un gran cerro que impedía el paso. Yo y algún otro habíamos insistido en que había salidas a ambos lados de ese cerro (Sosneado). Era todo bajada y por lo mismo mucho más fácil que subir.

Pero al oeste estaba Chile y soñábamos con sus verdes valles. Los expedicionarios, al fin, decidieron para dónde ir de acuerdo con la información errónea que había dado el piloto antes de morir, diciendo que habíamos pasado Curicó.

En la despedida hubo diálogos personales, que no recuerdo, y anécdotas como la de los zapatitos, que tampoco recuerdo, pero que sí figuran en el libro *Viven*. Solo pensaba, viéndolos alejarse, que allí iba mi vida. En esas piernas y en esa voluntad que las obligaría a seguir cuando quisieran claudicar. Yo ya estaba postrado, sin hambre, sin voluntad de seguir luchando por vivir y me aproximaba al final.

Los observé durante todo el día, cómo iban subiendo lentamente y sufriendo en el intento. De noche pensaba en ellos, que dormirían en el saco de dormir, bien apretados, y veía que las noches eran limpias con luna, pero que más arriba habría un viento y un frío atroz. Observaba la cumbre a donde debían llegar, sin imaginarse que era solo la primera de varias más.

A la mañana siguiente, 13 de diciembre de 1972, dos meses después del accidente, estábamos en un intento serio para huir de esa prisión. Salí temprano del fuselaje y tardé en ubicar a los expedicionarios. Eran tres figuritas que parecían no moverse, pero se veían más pequeñas que el día anterior. ¡Avanzaban!... los estuve observando durante todo el día.

Tras otra noche larga pero menos fría, amaneció nuevamente. Temprano, ya estaba yo afuera, buscando esas tres figuritas que localicé, como puntos en aquella inmensidad blanca y negra.

Luego dejé de verlos y pensé que habrían llegado a la cumbre ¡y que estarían observando los soñados verdes valles chilenos!

No sé en qué momento alguien advirtió que uno de los tres estaba bajando a gran velocidad. En efecto, se veía una figurita descendiendo hacia nosotros rápidamente. Demoro una hora en llegar a la altura en que podíamos reconocerlo. Era Tintín. Pensé lo peor. Los otros dos habrían muerto, ya que existían mil maneras de que eso sucediese. Muchas más formas de morir que de sobrevivir con éxito final.

Tintín, viendo la angustia reflejada en nuestros rostros, enseguida nos tranquilizó: «aquellos decidieron seguir solos, va a ser más largo de lo pensado y calculado; les dejé mis petates y me volví», dijo.

Una especie de alivio inflamó mi corazón. ¡No había abortado la expedición! Yo me sentía cada vez más agradecido a ellos. Tintín volvió a integrarse al grupo y perdió enseguida todos los privilegios de expedicionario.

Pero ahí empezaron para mí los siete días más angustiantes de la espera. Éxito versus fracaso.

El éxito, volver a casa; el fracaso, morir después de haber soportado tantos sufrimientos. Una delgada línea que yo ya no manejaba separaba la vida y la muerte, y esta vez no habría un día más, un nuevo amanecer, una esperanza, ¡o tal vez sí! En Nando y Roberto iba mi vida y en esos dos hombres estaba depositado todo el resto de esperanza que, ya menguado, iba quedando. La esperanza es el sueño del hombre despierto y yo ya me venía durmiendo… sin mayores conflictos… ¡en paz!

Me veía como un espejo en el rostro de los demás, demacrados, ojos hundidos al fondo de sus cuencas, nariz aguileña y afilada, labios rajados y sangrantes, piel oscura, verdosa, y el cabello una maraña de abandono.

En la noche, que era el momento que más me recordaba la vida anterior, ya que no se veía el encierro de las altas montañas, pensaba mucho en mi familia y en mis amigos. Pero ahora pensaba en Nando y en Roberto, que caminaban en busca de su salvación y de la nuestra.

Nuestras vidas dependían del éxito de la misión, éxito que se apoyaba no solo en su voluntad y coraje, sino también en su fe de mover montañas. Pensaba que si Dios los acompañaba les mostraría el camino dentro de esa inmensidad. Porque ellos darían todo, todo, y esperaba que Dios pusiera el resto.

Cada uno en sus pensamientos. ¿Dónde estarán Roberto y Nando? ¿Habrán podido bajar y encontrar el verde pasto?

¿Tomarán agua de los arroyos?

¿Estarán lastimados? ¿Podrán hacer que sus piernas obedezcan y seguir sufriendo?... o... ¿ya no están? Podrían haber caído en una grieta, desbarrancarse por una ladera, otro alud...

¡tantas cosas ciertamente posibles y probables!

Pensaba en mi familia, en Soledad, en mis amigos de siempre, los que estaban conmigo aún, los que hacía días habían muerto y en mis amigos de Uruguay, que estarían bien. Quería decirles que los quería y extrañaba. Ahora quería contarles lo que sentía, el nuevo sentido de la vida, compartirlo con ellos.

Decirles que había descubierto muchas cosas importantes que me había mostrado Jesús, el hombre me había enseñado el camino, expresándose a través de los amigos, que se los contaría todo para que no tuvieran necesidad de sufrir. ¡Cómo los quería y extrañaba!

Y en esa especie de letargo en que entré sumido por los pensamientos, escribí en mi libretita que si Roberto y Nando no llegaban el día 22, o sea diez días después de haber salido, me daría dos días más, hasta el 24 de diciembre de 1972, Nochebuena, y me entregaría para ir en busca de mi padre, de Gastón y los otros, allá donde supe que moraban. No lucharía por vivir más. La muerte era la alternativa que me comenzó a seducir... ¡Tenía sentido!

Capítulo VI: Volver a nacer

22 de diciembre

Llegó el día 22 de diciembre, el fuselaje ya no estaba en- terrado ni teníamos que reptar como roedores para entrar o salir. El sol, en estos días caliente y de larga presencia, había derretido la nieve que lo cubría y el fuselaje se sostenía sobre un pedestal de hielo mantenido por su propia sombra. Había que entrar subiendo con esfuerzo, pero solo saltar para salir.

Ya sin fuerzas, apenas las suficientes para respirar bajito, permanecía adentro la mayor parte del día, contando los días que restaban. Por primera vez creí saber la fecha en que todo terminaría. Antes había sido solo incertidumbre. Pero había tomado la decisión de dejarme morir el día de Nochebuena.

> En plena lucha por no perder la esperanza fue que me dormí la noche del 21 de diciembre de 1972. Pensaba cuánto había sucedido desde el 13 de octubre ¡y qué poco quedaba para el 24 de diciembre! Pero sí sabía que ya pronto dejaría de sufrir. Ya había perdido el equilibrio necesario entre cuerpo, alma y mente.

Dormíamos hasta más tarde, ya que las noches no eran tan frías. Estaba sentado junto a Fito, Carlitos y otros más que no recuerdo. Algo esa mañana me alertó de que era fecha de mi abuelo, Nicolás Inciarte, el primero en llegar al Uruguay. Nunca lo conocí, ni me acordaba de su fecha, si alguna vez la supe, pero esa mañana tuve la certeza de que él había muerto ese mismo día.

Casi simultáneamente, apareció en el boquete de entrada Juvenal (Daniel Fernández), agarrado con ambas manos a los bordes redondeados de las paredes del fuselaje, asomaba de la cintura para arriba y, con una cara que nunca olvidaré, son- riendo, con los ojos más grandes que nunca, gritó, más bien aulló: «¡Aparecieron Nando y Músculo! ¡Llegaron! ¡Ya vienen los helicópteros!».

¡Fue como si mi pecho se incendiara! Un golpe de calor, de fuego, de ahogo, no sé qué fue, me inundó el alma. La mente después asimiló lo que había escuchado, ese golpazo que hizo que el corazón palpitara a altas revoluciones mandan- do más sangre de la que los pulmones podían procesar. ¡Me ahogaba al tratar de respirar y gritar a la vez, no podía hablar de la emoción!

Nos abrazamos entre los que estábamos dentro, ¡no encontrábamos palabras! Pienso que el avión no rodó barranca abajo porque Daniel lo sujetaba con sus brazos. Despacito fuimos saliendo, saltando al glaciar de hielo que ya se mostraba sin nieve. Porque en esos diez días nunca nevó. Glaciar que da origen al río que de él nace y corre hacia el este, a partir del valle en las alturas donde vivimos. El llamado valle de las Lágrimas, tantas veces mencionado en la oración del rosario… «a ti suspiramos gimiendo y llorando en este valle de lágrimas»… Que no contribuimos a llenar, pues creo que nadie lloro nunca y, si alguien lo hizo, nadie lo vio.

Nos lavamos la cara y el pelo por primera vez. Había mucha agua almacenada en un tacho de acero de forma rara. Intercambiamos ropas, volviendo cada prenda a su original propietario, prenda que había usufructuado otro durante setenta y dos días. El sentido de la propiedad se hacía presente ante la posibilidad de retornar a nuestra vida anterior. Rompimos varios peines tratando de ordenar el cabello enmarañado y, ya cerca de las seis y media de la mañana, nos encontramos sentados, casi limpios, casi bien vestidos y ordenados, oteando el cielo en busca de los prometidos helicópteros. Pero pasaban las horas y nadie aparecía, entonces pensé si no habría sido una ilusión y nada de eso había sucedido.

Cerca de la una de la tarde sentimos un lejano tac tac tac proveniente del oeste, que el viento se llevó, ya que a esa hora empezaban las turbulencias fuertes e impredecibles. Quedamos de pie, desnucándonos al mirar el cielo, porque suponíamos que vendrían por encima de nosotros. Pasados muchos, muchísimos minutos, alguien grito desde sus entrañas «¡Allá, allá vienen!» y señalaba hacia abajo, hacia el este, hacia el valle. Nada venía de arriba, del cielo, ¡venían de abajo! Dos puntitos negros, en silencio, rompían la monotonía del paisaje que tan bien conocíamos. Se movían con respecto a las referencias fijas y en instantes estuvieron sobre nosotros dos helicópteros que nos sobrevolaban en círculos con un estruendo que terminó con el silencio de siempre. La nieve volaba hacia to- dos lados por el remolino de las aspas y nuestros brazos hacia arriba saludando hacían que la escena se pareciera más a una danza exótica que a un rescate. ¡El sonido de los helicópteros era música! Los motores sonaban como la melodía del Himno a la Alegría.

Más tarde mi madre me dijo «es como si te hubiera parido nuevamente» y yo pienso que desde las seis y media de la mañana a la una de la tarde la espera fue como el parto, hace sufrir pero, luego, la vida. Es como si hubiera visto mi propio parto, mi nacimiento desde las entrañas de los Andes hasta salir a la vida en los helicópteros.

Horas antes, cuando Daniel había dado la noticia que es- cuchó en la radio, llegue a dudar de que fuera cierto. Podía estar alucinando la noticia más deseada. Porque alguna vez su- cedió que alguno quería salir de noche a comprar Coca Cola y pizza y otro le pedía «¡con mozzarella!». Como ya habían pasado las ocho, las nueve, las diez y nada asomaba en el cielo, dudé de la veracidad de los radioescuchas. Crédito por fin les di, pues me convenía.

El vuelo

Yo estaba sentado en la nieve, exhausto por la emoción, y de pronto, de un helicóptero que se aproximó al suelo sin posarse, saltaron dos hombres de parca roja y uno de ellos me levantó en sus brazos, mientras todos corrían a esos aparatos voladores, salvadores, tantas veces soñados. Me tiró hacia arriba y un tripulante de casco blanco me quiso asir de los brazos, me golpeé fuerte contra el borde del piso, me dolió, me jaló hacia dentro de la cabina y me sentó en un asiento contra la pared del fondo. Yo, emocionado, lo agarré del casco para abrazarlo y besarlo, y este me apretó contra el asiento y me ató con el cinturón. ¿Qué habrá creído de mis intenciones? Era la primera persona terrícola que abrazaba y le expresaba mi felicidad, tal vez en exceso para él.

Creí que todos estaban a bordo, no recuerdo quién iba en mi helicóptero H89, pero sí, y vívidamente, estoy reviviendo el trepidar del helicóptero y el rugir de sus motores, tal como en el avión antes del choque. Se movía de un lado a otro a merced de los vientos que, en forma caótica, sacudían ambos aparatos que se cruzaban entre sí y se acercaban peligrosamente a las rocas negras. Pensé por un instante, dentro de mi alegría y con algo de terror, «¿para qué me subí a este aparato que está por estrellarse?». Era como esas esquinas de Montevideo, me imagino alguna de la Aguada en un otoño, donde las hojas de los plátanos ya caídas son levantadas por los vientos que se encuentran de ambas calles y locamente vuelan sin ton ni son. Al igual que en el avión antes del choque, cerré los ojos y esperé otra explosión. De pronto surgió un silencio absoluto y pensé si ya todo habría terminado y estaba muerto, una vez más al final del camino.

El helicóptero planeaba en una corriente caliente y ascendente (relato posterior del comandante Jorge Massa), sin rugir de motores e iba saliendo del valle de las Lágrimas. Abrí los ojos, expectantes de observar la realidad, pude ver que estaba dentro del aparato volador y por la ventana divisé, sobre la nieve, la figura del fuselaje ya lejano, pequeño, distante...

A medida que me alejaba del lugar, el fuselaje y su entorno se volvían más pequeños y sentí que dejaba allí algo mío, solo mío, que había vivido, visto y sentido, que ya no volvería a suceder nunca más, y comprendí que dejaba allí una parte de mí. Hoy pienso que tengo algo de allá dentro de mí, algo que nunca me abandonará.

Antes de que desapareciera de mi vista, pensé cuánto había dejado ahí en ese lugar, mis amigos muertos que vivirían conmigo para siempre, sufrimiento, dolor, ansiedad, angustia, desesperación, la humillación más atroz, el hundimiento de lo humano o la peor condición llevada a las más oscuras profundidades de un espacio desconocido.

Pero también, no solo dejaba eso y terminaba lo terrible, ¡sino que me traía conmigo algo que, por primera vez, sentía, conocía o se me había revelado! Que lo había visto con mis ojos y se me había internalizado en la mente, en el cuerpo y en el alma. Era como un tesoro secreto que algún día tendría que compartir, demasiado importante para mí, para guardarlo bajo llave. Tardé treinta años en hacerlo.

> Había sentido la presencia de Dios y lo había conocido a través de los hombres, mis amigos. Estaba en sus miradas, en sus acciones, en sus palabras, en su coraje mostrado, que surge del miedo más absoluto y lo supera; en su gran amor hacia el otro. No vale la pena salvarse uno mismo si no dejás o hacés algo por el otro,

algo que le sirva, algo que lo ayude. Amor no solo en el sentimiento, sino principalmente en el comportamiento. El amor es lo más inteligente. ¡Inteligencia y amor son inseparables! La vida consiste en vivir haciendo cosas, trabajando, pero si pensamos en ella, merece ser vivida si lo bueno que tenemos lo podemos compartir con otro y que el otro repita en otro, y así sucesivamente. ¡Ese es para mí el sentido de la vida!

Pronto aterrizamos en un lugar precioso, verde, árboles, vida, colores, agua que corre. Gente que también corre para ayudarte, curarte, salvarte… y sin conocerte parece que te quieren y que sos algo muy importante para ellos, y una vez más, ese sentimiento de no ser merecedor de recibir tanto de tantos. El lugar se llama Los Maitenes, denominación de un árbol autóctono chileno, pues estábamos en Chile, ¡en un soñado verde valle chileno!

Un soldado me ofreció cigarrillos y yo le ofrecí de los míos, que aún me quedaban. Las necesidades se manifiestan a través de un mismo lenguaje. Me percaté de que no todos mis amigos estaban allí. Vi a Daniel, a Álvaro, a Pedro, a Carlitos, a Eduardo y a Nando, el grande, el magnífico, el inclaudicable, que se extremó al máximo, urgido, apurado para salvarse y salvarnos. Grandes, ¡todos grandes!, cada uno desde su lugar. «Si no puedes ser un pino, sé maleza en el valle; si no puedes ser árbol, se arbusto; si no puedes ser camino real, sé atajo; si no puedes ser el sol, sé estrella; no vencerás por el volumen, sino por ser el mejor en lo que seas». Y cada uno fue eso para mí, los mejores en lo que fueron. No importa el lugar que ocupes, importa que lo que seas o hagas lleve toda la fuerza de tus sentimientos y tu corazón.

¿Cómo agradecer todo esto? Comíamos y bebíamos cuanto nos daban. Una enfermera militar, llamada Koch, me hizo las primeras curaciones en mi pierna gangrenada que no dejaba de supurar. Con profesionalidad y cariño, hasta con una sonrisa.

Seguía recibiendo amor a través de tantos cuidados. Esto también forma parte de nuestra condición humana, de nuestra especie, y una vez más me sentí orgulloso de pertenecer a ella.

Pensé que los otros ocho llegarían en un rato, pero luego me enteré de que los iban a rescatar al día siguiente temprano en la mañana, esa tarde era imposible sobrevolar el lugar; era un peligro. Nosotros habíamos salido gracias a la pericia y el coraje de los comandantes Masa y García y su heroica tripulación.

Va aquí todo mi reconocimiento y agradecimiento a la Fuerza Aérea de Chile. Aún no conocía la existencia de Sergio Catalán, el primer hombre, el primer instrumento humano que acudió en ayuda de los dos uruguayos andrajosos que no conocía. Cabalgó horas para dar aviso del hallazgo, los rescató y les dio de beber y comer. La solidaridad de la gente sencilla, la entrega de su tiempo, su inteligencia, para darse cuenta de ante a lo que está. Un factor más de una cadena de hombres y hechos imprescindibles para llegar con vida al final. Si de exaltar al hombre se trata esto, don Sergio Catalán es un gran ejemplo.

Soledad

Más de cuarenta años después del accidente, Soledad escribe este relato sobre cómo vivió los setenta y dos días en que estuvimos fuera de este mundo.

> Ya habían pasado más de dos meses del accidente; dos meses en los que mi mundo había cambiado sustancialmente. La alegría, la ilusión, los mil proyectos habían desaparecido de mi vida. Por momentos, una pequeñísima luz de esperanza todavía asomaba, pero su fuerza era tan tenue y fugaz que, cuando la creía ver, ya no estaba allí.

Había caído en un gran pozo oscuro, en el que el despertarme de mañana era la pesadilla. No lograba enfrentar ese nuevo día, generalmente caluroso y luminoso de diciembre, con todo el bullicio, la gente en la calle y los jingles de Navidad. No entendía que el mundo pudiera seguir su curso sin Coche y sin mis otros amigos. Veía a la gente feliz y añoraba los tiempos pasados, que ya no volverían. Lejos, muy lejos, quedaba ya aquel adiós en la escalerilla del avión, y cuando lo recordaba, casi permanentemente, el dolor y la angustia eran tan fuertes que no me permitían ni pensar ni hacer ni vivir...

Mi familia vivió esos dos meses y medio pen- diente de mí, yo sentía que sufrían a la par mío y trataban de rodearme, de cuidarme, de no dejarme sola en mi terrible sufrimiento.

Mi madre era como mi sombra, acompañándome siempre, dispuesta a llevarme y a traerme a la casa de los radioaficionados, al aeropuerto, a la iglesia y a todas las reuniones en donde se decidían los pasos a seguir. Lloraba mucho conmigo, y en su abrazo, apoyo y compañía encontraba algo de contención y protección para soportar todo lo que estaba viviendo. Mi padre, insólitamente, no perdía las esperanzas.

Me levantaba el ánimo continuamente. Me hablaba de que todavía no estaba todo dicho, que nunca había aparecido evidencia de un avión destrozado o algún resto que nos permitiera deducir el triste fin. Que esperara, que todavía podían aparecer. Y yo le contestaba incrédula que eso solo pasaba en las películas de cine, no en la vida real, a lo que respondía «qué era el cine, sino una copia de la realidad» y que «todo se podía dar». Esa actitud optimista de mi padre, al que yo tanto admiraba, no solo me sorprendía, sino que también me hacía sonreír. En esos dos largos meses, trasladó su oficina a nuestra casa, para estar más cerca de mí y de las noticias. Venían secretarias y taquígrafos, pero él no piso más el estudio. También en ese período, perdió catorce kilos. Sufría mucho viéndome sufrir y ese sufrimiento nos abarcaba a todos... Hasta a mis hermanos que eran chicos entonces.

Mi hermana había cumplido catorce años al día siguiente del accidente. Ese día nada para ella fue alegría ni amigos ni regalos ni velitas... La recuerdo hoy, siempre presente, acompañándome con su silencio y su mirada cargada de ternura, cariño y compasión.

Mi hermano tenía diez años entonces y había quedado desencajado. No solo era alumno del Christian Brothers y, por lo mismo, vivía todo de una forma cercana y especial, sino que además adoraba a Coche, no podía entender lo sucedido y le costaba mucho adaptarse al ambiente de la casa. Coche le estaba enseñando a jugar al ajedrez y pasaban largo rato juntos. Nunca más quiso jugar.

Hasta el día de hoy, cuarenta y cinco años después, sé y siento lo que a ellos los marcó toda esta historia. Y les agradezco lo que a su manera y a su edad me supieron dar.

Era la tardecita del jueves 21 de diciembre cuando atendí el teléfono. Esta vez era otra Rosina la que llamaba, Rosina Urioste de Strauch, madre de Fito, muy amigo de Coche y desaparecido también en el avión. Me es muy difícil reproducir hoy, con sesenta y siete años, sus palabras y los sentimientos que inmediatamente se generaron en mí. Volvía la incertidumbre, el miedo y el desasosiego, con todas sus fuerzas.

Dos chicos habían tirado un mensaje, atado a una piedra, a través del río Tinguiririca (Chile) a un arriero lugareño. ¡El mensaje decía que eran uruguayos! Con esa llamada, todos mis signos vitales se encendieron nuevamente... ¿Sería posible esta vez? No me quería permitir ni imaginar lo que esto podría significar. ¡Tantas falsas alarmas nos habían ilusiona- do en el correr de estos largos setenta días! Luego nos habían defraudado. Solo la voz de Carlitos Páez Vilaró a través de la radio y la presencia continua de Rafael Ponce de León en su comunicación habían sido siempre la luz en aquella noche oscura de octubre, noviembre y diciembre de 1972.

Llegó el viernes 22 de diciembre. En las primeras horas de la madrugada supimos los nombres de los dos muchachos que habían cruzado la cordillera a pie, desafiando lo imposible. Nando Parrado y Roberto Canessa. Desde entonces, estos dos nombres estarían ligados a la mayor alegría de mi vida. ¡Vaya para ellos, hoy, siempre y eternamente, toda mi gratitud!

Esa noche ya no se pudo dormir, las radios y los teléfonos no daban abasto para transmitir las noticias, que eran las mismas, repetidas una y mil veces. Había dieciséis sobrevivientes pero veintinueve fallecidos… Esta última cifra me abrumaba, nos abrumaba a todos. No se podían saber los nombres hasta que no fueran los helicópteros al lugar del accidente a rescatar a los catorce restantes, por si alguno más hubiera fallecido durante los diez días de caminata de Roberto y Nando. Imposible describir las horas de espera de esa calurosa mañana del viernes 22 de diciembre.

Era el infierno dentro de mí, era horror, era pánico, era dolor inmenso, anticipado, por lo que sabía se vendría. Buscaba paz, buscaba respuestas, pero nadie me las podía dar. Solo nos abrazábamos con la familia, con los amigos, y en ese abrazo encontrábamos algo de consuelo y menos soledad.

Así transcurrió la mañana… Algunos ya volando a Chile con lágrimas de alegría, otros volando sin saber que se iban a encontrar todos buscando la verdad de lo sucedido, aunque esta fuera dura… yo admiraba su valentía…

¿Hasta cuándo esa agonía? La mente ya no podía pensar, la lucidez se nos escapaba, el físico no podía tenerse más en pie y la respiración era corta, apurada, deteniéndose por momentos para hacerla profunda y poder revivir.

Pero todo tiene su fin, o su transformación, y llegó alrededor de las dos de la tarde del 22 de diciembre. La agónica incertidumbre terminó. Para unos empezó una vez más el profundo dolor, que no puedo ni imaginar; para otros la alegría, la incredulidad de la resurrección del ser querido, pero una alegría no completa, por tantos amigos perdidos, por tantos familiares de ellos sufriendo, familiares con los que habíamos compartido todo durante dos largos meses. Había una multitud en la calle Pujol, vereda y jardín de lo de Ponce de León. Allí funcionaba la radio que transmitía las noticias. Autos estacionados por toda la manzana y más allá. Camionetas de canales de televisión intentando comunicar lo que estaba aconteciendo, pero todo se hizo silencio, silencio abrumador, cuando los parlantes empezaron a anunciar uno a uno los nombres de los que habían sobrevivido a la tragedia.

Parada en la vereda, rodeada de gente y de la mano de varios amigos, esperé su nombre, el de Co- che... José Luis Iriarte, Inciarte, sabía que no había ningún otro Iriarte. Lo nombraron, fue el catorce... solo quedaban dos. Interminable y desgarradora lista, o muy corta a la vez.

Alguien me sujetó porque sentí que me caía, no podía creerlo... me seguía defendiendo de una falsa ilusión. Entré a la casa, haciéndome paso entre aquella multitud, mi alma anegada en lágrimas, casi sin poder respirar, queriendo confirmar lo que acababa de escuchar, ¿Coche estaba vivo? ¿Era cierto?

La estrechísima escalera que bajaba al lugar de la radio estaba llena de gente de todas las edades, en cada escalón hasta abajo. ¡Imposible de sortear! No podía llegar a Rafael y le grité su nombre, él entonces se dio vuelta, dándole su espalda a la radio, miró hacia arriba buscando quién lo llamaba... me vio... sonrió... y levantó su dedo pulgar... Ya todo estaba dicho. Desde entonces llevo este recuerdo siempre conmigo. ¡Coche estaba vivo! ¡Era cierto!

Aun hoy, cuarenta y cinco años después, me cuesta creer todo lo que sucedió y lo que me sucedió. Siento que tengo una deuda con Dios y con la vida. También siento una gratitud eterna con todos los que hicieron posible que Coche sobreviviera y así permitirme formar la familia divina que hemos formado. Nunca jamás me he olvidado de los queridos amigos que quedaron en la montaña. A ellos especialmente, toda mi gratitud. ¡Que Dios nos bendiga a todos!

El reencuentro

De Los Maitenes, volamos en helicóptero nuevamente a la base del ejército en la ciudad de San Fernando. Allí me desnudaron y me vi las rodillas hinchadas, muy hinchadas. No podía imaginar qué había pasado con ellas. Alguien me dijo que había desaparecido todo músculo de muslos y pantorrillas y por eso las rodillas resaltaban sobre los huesos largos de las piernas. Aún no sabía que había bajado cuarenta y cinco kilos. Allí nos recibieron el querido Carlos Páez Vilaró, papá de Carlitos, que luego supe todo lo que nos había buscado en esos dos meses, y el embajador uruguayo en Chile, César Charlone. También había padres esperando a sus hijos que no volverían. En una camilla, desnudo y cubierto por una frazada, me introdujeron en una ambulancia que me llevó al Hospital San Juan de Dios de San Fernando.

Recuerdo un túnel de enfermeros vestidos de blanco, saludando y estirando hacia mí sus manos. Yo les daba la mía, pero casi se me cae la frazada que me cubría y tuve que retirar la mano saludadora para amarrar la frazada que cubría mi desnudez y suciedad, mi cuerpo esquelético, que el pudor remanente o que renacía quería ocultar.

Me alojaron en la habitación número 1. Creo que nunca había visto algo tan lindo, limpio y prolijo, tenía una cama, un colchón, una almohada y sabanas blanquísimas. Una de las paredes estaba empapelada con flores y las otras tres pintadas con esmero. Una puerta de entrada y una alta ventana, con cortinas haciendo juego con el papel de la pared, me permitían ver un precioso jardín de colores, que más tarde fue invadido por hombres con cámaras que se asomaban a mi ventana junto a monjitas que saludaban.

Ese mismo 22 de diciembre, al rato, entró el doctor Ausin. Me revisó y, mientras hacía curaciones en mi herida del tobillo derecho, así como al pasar me preguntó qué era lo último que había comido. Yo pensé en decirle «chocolate», que el soldado en Los Maitenes me había regalado y que devoré. Pero entendí que se refería a la alimentación durante los setenta y dos días, y decidí decirle, también como al pasar: «carne humana». El doctor siguió con su tarea, como si nada; pero años después, visitando San Fernando, me contó que casi se desmaya con mi respuesta.

Esa noche, pensé que dormiría plácidamente, pero el vozarrón de Carlitos a máximo volumen no paraba de escucharse. Todos reaccionamos diferente. Unos, más excitados que otros, hablaban sin parar, otros más emocionados no podíamos casi hablar.

Teníamos hambre y solo nos daban gelatina. Algunos de mis amigos entonces asaltaron esa noche la cocina, vinieron todos sobre mi cama, ya que yo estaba encanutado con distintos sueros, y comimos gran variedad de delicias, producto del robo. A la mañana siguiente, gran revuelo de todo el personal del hospital. Se habían percatado del robo y sobre mi cama yacían las huellas delatoras.

También apareció en mi cuarto un muchachito flaco, muy joven, que vestía con el *clergy* católico. Se llamaba Andrés Rojas y, apenas verlo, la paz que me transmitió me llevó a contarle todo lo que vivimos, sin excepción, en pocos minutos, con todo el misticismo que me llenaba el alma. Después de escucharme con mucha empatía, me dijo que iba por la eucaristía y volvía enseguida. Yo le contesté que, antes de comulgar, debía confesarme, a lo cual me respondió que ya lo había hecho.

Mientras lo esperaba, sentí un vozarrón que gritaba «¡Inciarte, Algorta! ¿Dónde están?». Desesperadamente traté de avisarles, pues reconocí la voz de mi tío Carlos Algorta, también tío de Pedro. Pero mi voz sonaba muy bajita, sin fuerza, apenas audible... Entró en mi habitación como una tromba.

¡Fue el primero que vi de mi añorada familia! Tras él, venía mi hermano mayor, Pololo, que con ojos como huevos duros trataba de reconocerme.

Entre abrazos, llantos y sollozos nos abrazamos, ellos gritaban, yo les quería responder pero apenas podía procesar el aire, ¡solo pude susurrar que estaba lleno de Dios! ¡Y era así! Nos abrazamos largamente y, entre convulsiones de llanto, pasó el espacio de tiempo para poder mirarlos vidriosamente, con todo el amor que en ese momento sentí por ellos y que aún hoy en día siento.

> Al día siguiente, 23 de diciembre, me llevaron a Santiago en una ambulancia. Mi hermano venía conmigo, junto a mi camilla. Hablamos de todo y me preguntó, creo que inocentemente, qué habíamos comido en la montaña durante setenta y dos días. Cuando le contesté la verdad, dijo «sí, claro», y enseguida quedó blanco como un papel y se descompuso. El personal del Hospital de Santiago, al abrir la ambulancia, dudó acerca de a cuál de los dos habría que atender primero.

Estaba en la Unidad de Cuidados Intensivos de la Posta Central de Santiago de Chile. Frente a mí estaba Roy, muy debilitado, a su lado Alvarito y a mi costado Javier. De pronto entró mi madre, que miraba a los cuatro que yacían en las ca- mas, no pudiéndome reconocer. Todos le parecieron iguales, barbas, pelos largos, caras quemadas y labios deshechos, además de cuerpos esqueléticos. Tuve que llamarla para que me reconociera. Ella era uno de los motivos por el cual yo había sobrevivido y soportado todo. No recuerdo bien el encuentro de ambos, ya que el llanto ocupa toda mi memoria.

Le dije quiénes eran los otros y los saludó uno por uno, agradeciéndoles lo que habían hecho por mí. No podía dejar de mirarla, ¡estaba tan linda! Su ternura me envolvió y consoló. Cuando el doctor dijo que debía salir, yo no quería soltarle la mano, pero me dijo «ahora entra Soledad».

También ella tuvo que reconocerme por mi llamado. Es- taba también tan linda, tan limpia, tan llena de luz y amor que sollozando nos abrazamos largo rato, no podíamos pronunciar palabra. Pero el doctor, al ver que yo lloraba mucho, nos separó para que no me hiciera mal tanto llanto. Le pedí que no se olvidaran de venirme a buscar al otro día y ella sonrió porque no podía creer lo que le estaba diciendo. ¡Al otro día iba a ser la Nochebuena! ¡Y yo continuaba viviendo mi existencia!

Esa noche, una nurse pasó con una torta de chantilly y frutillas, como la de la foto que circulaba en el avión. Se negaba a dárnosla, por orden del médico, y al final cedió a nuestras súplicas ¡y supimos qué gusto tenía la torta de la foto que tanto habíamos observado!

Roy y Javier se agarraron una terrible diarrea, y Alvarito y yo clamábamos para que los cambiaran de cuarto, ya que el olor era repugnante. Empezábamos de a poco a ser personas civilizadas. Javier se recuperó, pero Roy se deshidrató por completo y tuvo que quedar internado en la clínica, grave, por varios días. Más tarde, volvió a ser un toro, ¡fuerte hasta hoy!

Alvarito cojeaba, pero su pierna estaba soldada, casi perfectamente. Solo le quedó un poco más corta. Todo gracias a Roberto Canessa, que se la arregló los primeros días, cuando solo contaba con los conocimientos de primer año de Facultad de Medicina.

Javier salió caminando, como si nada, del CTI, a encontrarse con sus cuatro hijos y hermanos. Estos estaban seguros de la sobrevivencia de Javier, ya que en el pasado había superado situaciones muy graves en distintos accidentes y siempre salió: con un ojo menos, un oído sordo y una placa de metal en la cabeza, pero siempre vivo. Finalmente, después de haber pasado cuarenta y dos años integrando el grupo de los dieciséis sobrevivientes, Javier, el mayor de todos, murió el 4 de junio de 2015.

Capítulo VII: Mis reflexiones

Conciencia, elección, culpa

De mis conversaciones con mi terapeuta, al que considero un hombre sabio, humilde y que convive con la paz, he confirmado y aclarado aún más el sentido de la vida. Sobre el manuscrito que dio origen a este libro, lo primero que me dijo fue «no te lo dejes falsificar porque es fresco y auténticamente tuyo», como las conferencias que doy por el mundo compartiendo mi experiencia personal de vida en los Andes. Me han querido enseñar o guiar cómo armarlas, comunicarlas y el léxico a usar, pero siempre me he negado a ser un semiprofesional de la comunicación.

> Solo sé hablar desde el alma y dirijo mis palabras al alma de los demás. No lo sé hacer de otra forma, ya que esta historia vive en mi alma, lo mismo estas, mis memorias. Mi explicación parte de mi alma, pasa a través de este libro y va dirigida al alma del lector.

Pienso que podría haber guardado lo escrito en una botella, arrojarla al mar y, si alguien algún día la encontrara a orillas de una playa, la abriera y leyera este mensaje, me daría por satisfecho. La conciencia que uno posee hay que tenerla delante de la fila y para eso es necesario estar atento a su presencia.

El estado consciente de la mente hace que lo que vives sea la realidad, la verdad. Siempre, y desde el primer momento, en la montaña fui consciente de lo que sucedía y de lo que estaba viviendo. ¿Qué había pasado? ¡El avión chocó con la montaña! Ya detuvo su deslizamiento vertiginoso por la ladera de nieve y lo que veo y oigo es real, ¡está sucediendo! Consciente entonces de que mi vida anterior ya no existía más, tenía ahora una nueva existencia por delante y en ese preciso momento comenzaba a vivirla. ¡Ya que estaba vivo! En esto no tuve elección, ¡sucedió y basta!

Consciente también de no lamentarme por lo sucedido, surge el problema o conflicto de qué hacer con ello. Huir fue lo primero que se me pasó por la mente, pero era un imposible.

Elegí, como todos, ir en ayuda de los heridos. Consciente de la realidad, elegimos lo correcto, lo bueno, lo que corresponde que los hombres hagan. Y así ayudé a los que gemían sufriendo, me puse en su lugar y sufrí y gemí con ellos. ¡Era muy difícil elegir qué hacer! No había más que el consuelo y la caricia para el herido, para que supiese que no estaba solo. En tu propia mente comenzaba el gran y continuo conflicto de qué elección tomar, ¡el por qué y para qué!

Y así llego la noticia de la suspensión de nuestra búsqueda, después de que nosotros habíamos elegido sentarnos a esperar el rescate que suponíamos vendría pronto. Esto nos hizo ser conscientes de que estábamos solos, abandonados, que no debíamos contar con nadie más que no fuésemos nosotros mismos. Esta obligatoria elección sí la hicimos nosotros y cada uno tomó conciencia de la importancia del otro para su propia supervivencia. No había nadie más y nos teníamos unos a otros. Fue una elección consciente que despejó un conflicto: el de la esperanza de un rescate que vendría desde afuera, desde un exterior ajeno a nuestro propio esfuerzo.

Más tarde un nuevo conflicto cayó sobre nosotros en forma de alud, de avalancha de nieve. En ese instante fui totalmente consciente de lo que ocurría. Después de intentar salir, quedé aprisionado, inmovilizado. Y elegí o me dejé llevar por lo inevitable, la muerte. Ya no había nada más para elegir y como última y única opción, tres días más tarde cavamos frenéticamente un túnel, que nos llevó desde la oscuridad en que nos encontrábamos a la luz.

Esa sí fue la elección para seguir viviendo, luchando por defender y honrar la vida, aunque de genuino sufrimiento. La muerte era otra opción que nadie eligió conscientemente. Hasta aquí los únicos culpables eran los pilotos del avión. Pero cuando tuvimos total conciencia de que debíamos alimentarnos de los cuerpos de nuestros amigos muertos, la elección de decidir fue durísima, cruel y aun la consideré injusta. Incluso más cuando obligué a mi cuerpo a obedecer la orden de mi mente.

Varias veces, a través de una lucha entre lo consciente y lo inconsciente, consideré la otra opción, que era la muerte. Sin considerarme culpable de lo que decidí y consecuentemente hice, por mucho tiempo sentí culpa, pues había existido otra opción. Fui bien consciente al elegir la vida, honrarla y respetarla como el principal derecho del hombre, y para eso me obligué a hacer lo que era indispensable para mantenerla. No fui culpable, porque era lo que un hombre debe hacer en aquellas circunstancias, pero sé, he sentido culpa y pido disculpas a mi propia conciencia.

> En la vida que me acompañó hasta hoy, también me he sentido culpable de no haber puesto en primer lugar a mi conciencia. Por eso no me pido disculpas, pero sí me arrepiento.

Me acabo de enterar de que el sentimiento de culpa es un factor que favorece el cáncer de mama, ¡y es verdad! En el otoño de 2013 me salió un tumor de los bravos en mi mama derecha. Me extirparon la mama y también los ganglios de la axila. Además me hice quimioterapia. ¡Pero lo peor de todo fue cuando me fui a hacer la mamografía! Fui acompañado de mi esposa aparentando ser un marido solidario. No había nadie, solo la persona que atendía y me senté a esperar junto a Soledad. En los siguientes diez minutos, más de una docena de mujeres estaban sentadas a mi alrededor. Salió una enfermera y aulló: ¡Inciarte… José Luis! El alma se me vino al suelo ante las miradas de todas las mujeres que sentí clavadas en mí. ¡Perdí la conciencia, no tuve elección y me sentí más culpable que nunca!

El 1 de noviembre, después de la avalancha y de haber salido afuera a través de un hoyo, sentados sobre la nieve en un nuevo escenario, estábamos ante una nueva oportunidad de encarar la vida. La presencia divina que sentí se encontraba entre nosotros, nos mostró el camino hacia la paz que, por primera vez, hacía su aparición, y esa presencia de paz dentro del continuo conflicto y sufrimiento no fue elegida por nosotros.

Pienso que nuestro Dios con total conciencia nos eligió para que, a su imagen y semejanza, diéramos los pasos necesarios para perder todo temor, ser libres y llegar así a la verdad que da sentido a la vida, a la existencia. Desde entonces fuimos hombres que eligieron lo correcto y que tuvieron éxito, a pesar de que erraron el camino de salida en los Andes. Elegimos hacer de todo para volver a lo más importante que el hombre ha construido: su familia. Y lo hicimos en equipo, ya que todos queríamos lo mismo.

Conciencia y elección, conciencia y elección. ¡La conciencia de la verdad y la elección del camino correcto! El camino de lo bueno, empezando por nosotros mismos.

Una culpa que llevo conmigo o algo de lo que me arrepiento es de no haber dado más en la montaña, y tomo como ejemplo a Numa, que nunca se cansó de ser bueno y de dar y de darse.

Mi terapeuta me enseñó que para poder dar más, primero hay que darse a uno mismo. Yo pensaba también así cuando me daba y me complacía a mí mismo tomándome otro whiskey, o fumando otro cigarrillo, sin saber que son actos de la inconsciencia que te llevan a elegir el camino incorrecto, ya que ambas satisfacciones, a la larga, atentan contra uno mismo o contra la salud.

Hoy trato de estar atento a todo aquello que me hace mal y, por ende, hace mal a los que más quiero. A veces dejo que mi inconsciente mande y de forma consciente lo permito.

Poder y autoridad

En la montaña hubo dos grupos de poder. Uno era el de los tres primos Strauch, que se encargaban de los alimentos. Este recurso fundamental que ellos custodiaban era lo que les otorgaba el poder, y entre ellos Fito, creo yo, era la autoridad. Esta emana de la persona y no de un recurso concreto. Fito fue el inventor y, a través de su creatividad, originada en las situaciones más extremas, pudo compartir soluciones con los demás para resolver problemas gravísimos. Fue generoso, dio y se dio a sí mismo en forma de tiempo y energía para con sus semejantes.

El otro grupo de poder lo tenían los expedicionarios, pues su voluntad de salir a caminar yendo a lo desconocido les daba esa primacía, que aprovecharon o que les había sido otorgada por los demás y permitía que gozaran de ciertos privilegios.

Pienso que Parrado fue la máxima autoridad durante y después de la caminata de diez días. Pues una vez que él se salvó, tuvo el coraje de subir a un helicóptero para ubicarnos y rescatarnos, volviendo a ese doloroso lugar del que con indescriptible esfuerzo había logrado salir.

Canessa siempre fue una autoridad que lo hizo líder. Su vocación de servicio, su incansable actividad, su permanente sacrificio por los demás, sumados a su carácter y temperamento, lo convirtieron en un líder por la misma autoridad que los demás le otorgaron. Además, ¡fue el doctor de la montaña! Lo que prevaleció fue la autoridad sobre el poder. Porque el poder solo es una circunstancia, pero queda huérfano si no lo acompañan otros valores. La autoridad emana del hombre y de sus valores puestos al servicio de sus semejantes.

Angustia y miedo

Seguro que allá todos pasamos en algún momento por la más atroz de las angustias. Pienso que nadie se salvó de pasar por la etapa de la angustia, y menos mal que esta no nos invadió a todos en forma simultánea.

También estaba presente el miedo, se me ocurre que todavía más acuciante en aquellos que debían enfrentar alguna responsabilidad mayor, como era el caso de los expedicionarios. Yo me imagino que el miedo a salir a lo desconocido, para cruzar los Andes a pie, hacía que Roberto demorara la costura del saco de dormir, rompiera lo que estaba hecho y estuviera de mal humor. Había que bancarse también los malos humores.

¡¡El susto que tendría!! No era el caso de Nando, que quería haberse ido mucho antes. Menos mal que no lo llevó a cabo porque, de haberlo hecho, las nevadas y las temperaturas toda- vía invernales los hubieran matado sin duda alguna. Salieron el 12 de diciembre, en la época adecuada porque, a partir de ese momento, no volvió a nevar más.

> Roberto salió igual a pesar de su miedo. El coraje nace del profundo miedo. Roberto tenía un miedo profundísimo como lo hubiera tenido yo. El coraje es pensar: tengo miedo pero esto lo tengo que hacer. Igual, para morir mirándonos las caras, me muero caminando con Nando.

Recuerdo con mucha tristeza la muerte de Numa en brazos de Pancho Delgado, el 11 de diciembre. Son recuerdos de hombres dando y dándose a los otros. Son imágenes que no me permitiré olvidar y que están para recordar siempre que yo también soy un hombre a su imagen y semejanza. Ellos son ejemplos inolvidables y son la explicación que intento dar acerca del comportamiento humano.

Puede decirse que en los años siguientes a la tragedia hice una vida tranquila, formando y desarrollando una familia junto con Soledad. Los mejores años fueron los que vivimos en el campo, donde criamos a Josefo, Matole y Maru, mis tres glorias. Trabajé como cualquier vecino, corrí atrás de los pesos y de los vales bancarios, como tantos otros, pero sobre todo disfruté del placer de vivir en familia y rodeado de amigos.

Por qué sobreviví, por qué no morí, para qué

La verdad es que no lo sé, pero intentaré expresar lo que durante todos estos años he pensado, meditado y vuelvo a pensar y a meditar... Empiezo por lo más sencillo y simple, pues no soy ningún entendido en los temas en los que estoy incursionando.

Subo al avión en Mendoza y, cuando me voy a sentar con Gastón en la última fila, se sienta otro y yo sigo para adelante, paso las alas y me siento junto a Menéndez, del lado izquierdo, sobre el pasillo. Luego del choque, en el que casi no me lastimo, veo que la parte del avión que antes estaba detrás de mí ya no está, se ha cortado justo detrás de mí. La parte derecha del fuselaje está más destrozada, ya que el deslizamiento montaña abajo se produjo inclinado hacia ese lado.

Nada ni nadie me aprieta, cuando todo se va violentamente hacia delante luego de la abrupta frenada en la nieve, ya que no hay nada detrás de mí. O sea que mi ubicación fue un lugar de suerte dentro del azar en que todo sucedió. Parecería que todo fue cuestión de azar, unos tuvieron suerte, otros no...

> Yo di gracias a Dios de estar vivo y sano, sin saber si Él había intervenido, digitando el azar, la suerte, vida para algunos y muerte para otros. Si Dios intervino, ¿qué criterio usó para elegir quién viviría y quién no?... ya desde entonces me pregunté el para qué.

Pero esto es entrar en temas más difíciles y complicados. Sigamos por el camino del razonamiento simple y sencillo. Esa noche, me vuelvo a salvar. Me encuentro a Roberto Canessa y, abrazados, nos damos calor humano y logramos ver un nuevo amanecer, el 14 de octubre de 1972. Vuelvo a agradecer a Dios por seguir vivo y a Canessa por su calor.

Me cuesta creer todavía que esa noche no nos congeláramos, vestidos como estábamos con ropa ligera, y castigados ferozmente por una tormenta de viento y nieve que entraba dentro del fuselaje, como principal invitada a ese festín de la muerte. El azar y su suerte me seguían acompañando, a mí y a Canessa, y agradecía por si Dios había tenido algo que ver. Pero había otros para los que no había habido ni suerte ni Dios ¡ni nada! Solo muerte. Punto final a una corta vida... dentro de una eterna existencia.

Por lógica, todos debíamos haber muerto, pero algo muy por encima de nosotros, que aún no logro comprender del todo, estaba haciendo que esto ocurriese. Ya nos empezaba a resultar evidente que esto no era un tema de exceso de suerte, había algo más... y para completar, Nando, al que creíamos muerto, volvió lentamente a la vida.

Nuestra existencia se nos presentaba como un don, como la fe, la salvación, y la vida me comenzaba a resultar una no- vedad sustancial, en donde se vive por gratitud o en gratitud, como dice el autor uruguayo Tucho Methol Ferré.

Luego, sucedió lo inevitable, nos quedamos sin nada que comer. Aquí no fue cuestión de mala o buena suerte, no fue cuestión de azar. Fue la circunstancia de nuestra existencia, de la vida que nos tocó vivir, y solo pudimos optar entre vivir o morir. Ni siquiera soñar.

Todos optamos por la vida, por defenderla, por honrarla, e hicimos lo que el hombre debe hacer en ciertas circunstancias, cerrar los ojos a los escrúpulos, al miedo, al tabú en el que habíamos crecido y enfrentar la realidad con valor, coraje y cierto grado de crudeza. Obligué a mi cuerpo a hacer lo que debía, aunque este se negara. ¡Sentí que nos habíamos salvado! En todo el sentido de la palabra salvación.

Pienso que hay alguna relación entre lo que la suerte es al azar y la vida a la existencia.

Más tarde, otra vez el azar usa su extraña lógica eligiendo quién vive y quién muere en el infame alud que nos sepulta, cuando ya pensábamos que peor de lo que habíamos estado no se podía estar. Nos da ocho cuerpos más, que nos indican que esto va a seguir, que parece no tener fin, como la existencia que es eterna. Se repite una vez más el azar, determinado a quién le corta su vida en esta existencia y quién la continua, aun en el sufrimiento.

El dolor por la pérdida de los que se fueron nunca, nunca, superó la alegría de haberlos tenido, de haber coexistido, por más corta que fuera su vida en esta eterna existencia. Vale más haber vivido, aunque por poco tiempo, que no haber vivido nunca. Ellos nos dejaron tanto que fue un privilegio haberlos conocido y, sobre todo, haber sido sus amigos.

Así de simple, me salvé de morir en el alud pues había cambiado de lugar con el capitán Marcelo Pérez, a pedido de él: sentándome delante de Fito, que minutos más tarde iba a ser de los primeros en ser destapado. Así fue que, cuando yo ya me había abandonado a la muerte, yendo al encuentro de mi padre, Fito logró salir y yo detrás de él.

Volvía a esta vida una vez más, como producto de la suerte, tal vez por el lugar que me tocó ocupar. Pero volvía a una vida que se presentaba en su mayor conflicto, aunque igual merecía ser vivida. Tal vez, los ocho que no sobrevivieron tuvieron una suerte superior, en la continua existencia. No lo sé, pero siento que terminaron la etapa de la vida y comenzaron otra etapa de la existencia.

Después de salir, la presencia de Dios entre nosotros fue notoria y creo que unánime.

Desde entonces dimos todo o casi todo lo que teníamos, lo mejor de nosotros, y el resto que faltaba, sin lugar a dudas, lo puso nuestro amigo Dios a través de heroicas actitudes, de actos llenos de amor, manifestándose en el comportamiento de los hombres.

Tratamos por todos los medios de no dejar nada librado al azar, queríamos controlar y planificar la expedición final hasta en sus más mínimos detalles. Lo que no conocíamos se lo dejamos a Dios… no sé si Él digita la suerte, si esta nos elige o no, pero es verdad aquello de que «cuanto más trabajo y más bien hago, más suerte tengo». Desde entonces hasta el final, largo periodo, poco pude hacer por estar herido, fueron mis semejantes los que me ayudaron, se ocuparon de mí con devoción, amor y sacrificio, para que yo me mantuviera aferrado a la vida.

Y llegó el final, cuando ya despojado de mis fuerzas físicas y espirituales, agotado de lucha y sufrimiento, y ya perdida la luz de la esperanza, claudiqué y dije basta, ¡no va más! Decidí que en dos días todo terminaba. Le estaba poniendo fecha al fin.

¡Pero no! Sin duda no era yo el que decidía. Esta vez no fue solo la suerte; fueron la voluntad, el coraje y la fuerza en las piernas de Nando y de Roberto; fue Dios en ellos y a través de ellos. Fue el arriero que, en su mayor acto de generosidad de espíritu, dejó todo por ayudarlos.

Y, por último, la valentía, el arrojo y la heroicidad de los comandantes de los helicópteros y de toda su tripulación, que como gladiadores lucharon contra la naturaleza, contra la gravedad, contra sus propios miedos... ¡y nos rescataron de la montaña! ¡Desde el lugar que Nando indicó!

Yo siento la presencia y fuerza de Dios en todos ellos, sin restarle un ápice de mérito a la condición humana. En el fondo, tal vez todos nos convirtamos un poco en Dios cuando actuamos a su imagen y semejanza. Es lo que somos, con toda la fuerza de nuestros valores y debilidades.

Así fue que sobreviví... Y, ¿para qué sobreviví? Para vivir la vida que mi existencia me estaba regalando, ¡y vaya que la viví! Lo único que me diferencia de cualquier otro ser humano es la experiencia que viví aquellos setenta y dos días en los Andes. Siento que el «para qué» es la posibilidad de compartir esta historia con los demás, contarles acerca del Dios que conocí y de su hijo, el hombre. Esto es algo que quiero y debo hacer en esta vida, pues ya han pasado sesenta y nueve años de mi existencia, viviéndola.

¿Alguien maneja esto?

Mi madre era muy católica, íbamos a la iglesia Santa Rita en el barrio Punta Gorda. Yo la acompañaba y a veces comulgaba, pero no quería confesarme. Qué le voy a decir todos mis pecados a este «pinta» que es un hombre como yo. Se los voy a decir a Dios, que además conozco. Es un Dios diferente. No es el que está en los templos. Porque Dios fue un hombre, el más importante.

Cuando vos rezás estás hablando con Él, le estas pidiendo «líbranos de todo mal». Cuando vos orás pidiendo cosas es como si Él hablara contigo. Te calma. Es algo divino que yo viví cuando salí de la avalancha. Cuando salí estaba ahí. Todo era blanco, limpio. Cuando salí por el agujero, todo estaba blanco impoluto. El avión no se veía, ni la mugre que habíamos hecho nosotros, los cuerpos no estaban. Veías a tus compañeros salir como si la nieve los estuviera pariendo nuevamente.

Ya sabíamos que había ocho muertos, porque salimos al tercer día. Murieron ocho y diecinueve quedamos vivos. Tiempo después murieron tres más, quedaron dieciséis. ¿Por qué hay dieciséis vivos si tendríamos que estar todos muertos en la avalancha? ¿Otra vez? ¿Alguien maneja esto?

Y cuando sales sentís la presencia de Jesucristo sentado ahí entre nosotros. Era la presencia de Dios expresada a través del hombre. Porque enseguida la transformación que hubo fue notable. Ahí entramos en el emprendimiento más grande de mi vida, que fue hacer todo para poder salir de la montaña y volver a la familia.

Después de haber pasado los tres días más injustos, más inmerecidos, más dolorosos en vida, enterrados por un alud, con fuselaje incluido, la vida que conservábamos diecinueve de nosotros se mostraba como el conflicto con uno mismo más grande o importante que hombre alguno pueda soportar. Pues allí, en la oscuridad, te preguntabas «¿Por qué? ¿Qué hice para merecer tanto sufrimiento?». Una vez salidos al tercer día, lo compraré con la resurrección de Jesús.

Sentado sobre la limpia nieve, viendo salir a mis semejantes por el hoyo cavado, fue cuando sentí la presencia divina entre nosotros. Solo sentí que ahí estaba y se expresaba a través de nosotros.

No era el Dios que domingo a domingo encontrábamos en la parroquia. Tal vez nuestras circunstancias me hacían sentirlo diferente, tan cercano, tan amigo, como queriéndonos mostrar el camino a la paz y a la verdad. Yo era capaz de verlo en mis semejantes. Así lo sentí y como católico lo llamo Jesucristo. Otros lo llaman de otra forma, pero pienso que es el mismo. Como el tronco de un árbol, que es único, y existen tantos credos como ramas tiene el tronco.

Así como Él sufrió y murió crucificado para salvarnos a través del sacrificio, sentí que la muerte de los ocho amigos había sido para salvar a diecinueve, quienes, al igual que Jesús, resucitamos al tercer día, porque fue como una coincidencia que, dado el estado en que estábamos, tan próximos a la muerte, nos generaba un gran misticismo, que actuaba a manera de soporte en esos momentos tremendamente duros y dolorosos.

Todo esto nos permitió en aquel momento volver a vivir con esperanza y confiados, pues nuestra alma se había abierto a la verdad y a la paz, ya que nosotros, los hombres, habíamos sido hechos a imagen y semejanza de Dios.

Es así que conocí la presencia de Dios y creo que sí, existe, y que es el mismo para todos los hombres de buena voluntad.

Cuando veo el mundo de hoy, tan conflictivo, creo que la ausencia de amor es lo que produce tanto dolor.

Soy católico y creo en Dios y en los hombres, por donde Él sigue expresándose, a través de aquellos que le han abierto su alma y su corazón…

Quiero compartir la verdad que me fue revelada entonces. Para qué y qué sentido tiene nuestra existencia. Ser mejores personas y querer a nuestros semejantes como a nosotros mismos. A veces se logra y a veces no. Pero no hay que dejar de intentarlo.

Merecerla

Esta historia extraordinaria de hombres comunes, la historia de la antropología, del hombre y de la filosofía, o sea de la antropología filosófica que une a la sociología y a la teología. Sociología que estudia las relaciones acerca de los hombres y da datos y estadísticas, y la teología que relaciona a los hombres con Dios y que descubre valores. Esta historia nuestra se basa en esto, porque si hay algo conocido y que le da sentido a la vida y a la muerte, si hay algo que me ha sido mostrado con total claridad y quiero compartirlo, es que, para alcanzar la paz que todos buscamos, hay que transitar por la felicidad, y esta hay que merecerla. No se busca, no se compra, no se encuentra así no más.

> Y para ser feliz solo hay que darse cuenta de cuán- to más gratificante es dar que recibir. Ese es el punto. Cuando se encuentra esta paz, se pierden todos los temores, uno ya no teme más y, por tanto, es libre.

Te encontrás en libertad total y, al ser libre, se le revela la verdad. ¿Y cuál es esta verdad? La verdad a transmitir es el camino hacia la paz que acabo de describir. La verdad te muestra que lo que da sentido al vivir es que durante tu vida dejes algo en el otro y que este deje también algo en ti. No pasarla de observador, sino ser activo, ser partícipe. El punto de partida es dar, dejar algo en el otro. Esto sin lugar a dudas nos ayudó a nosotros en el sufrimiento. Esto es, en resumen, la verdad de esta historia.

Capítulo VIII: Volver

Me dieron de alta en la mañana del domingo 24 de diciembre de 1972. Me vestí con la ropa que me habían regalado en San Fernando y, al verme en el espejo, me pareció que era el hombre mejor vestido del mundo. Me habían dado un baño de inmersión, el primero desde el mes de octubre, y en un instante el agua había quedado negra. Recién al tercer enjuague dejé de perder la mugre que tenía acumulada y pegada al cuerpo. Cuando el agua aclaró, el pudor frente a la enfermera fue resurgiendo, pero a ella no pareció importarle mucho la piltrafa humana que tenía delante. ¡Qué bien me sentí y qué perfumado estaba! ¡Me pesaron y la balanza marcó cuarenta y cinco kilos mojado! ¡Cuánto menos de aquellos noventa de cuando me había pesado en Mendoza con Gastón!

Caminé rengueando por un corredor y, cuando los enfermeros abrieron dos puertas, allí como un cuadro, como una pintura surrealista, estaban parte de mis más añorados, pensados y soñados seres queridos. Eran lo más importante para mí, por lo que todo había valido la pena.

Soledad, mi madre, mi hermana Mema, mi hermana Marti, Pololo, mi querido tío Carlos Algorta, mi tía Elsa, Beto, mi primo inseparable y entrañable amigo, al igual que de todos los míos. También estaba mi futura suegra, Martita, y su hija

María Marta, hermana de Soledad; Verónica Algorta, prima dilecta y también de Pedro, que era azafata de Braniff y había volado de Lima a Santiago. ¡Los miraba uno a uno, los abrazaba, los tocaba y me parecía increíble la felicidad que me invadía! Ellos eran parte de lo que más deseaba: mi familia, y en ese primer contacto, comprendí que volvía a vivir, que volvía a mi vida anterior llevando un cúmulo de experiencia vivida, acerca de la cual aún no había estudiado ni reflexionado, pero que estaba conmigo y debía ser compartida con todos mis semejantes.

Nos fuimos en taxi hasta el Hotel Sheraton San Cristóbal, al pie del cerro del mismo nombre. Deseaba desesperadamente volver a ver a mis compañeros de la montaña. ¡Los extrañaba y quería tanto! También los necesitaba. A la mayoría los encontré sentados comiendo y bebiendo todo lo que aparecía en la mesa.

También me encontré con los hermanos de Daniel Shaw y de Alexis Hounie, muertos en la montaña, Miguel y Jean Pierre, a quienes conocía de antes. Me abrazaron en silencio, un abrazo largo y apretado, superando su dolor.

Había padres y familiares de otros que no volvieron, pero que yo no conocía. Sí había conocido a sus hijos, y hasta el día de hoy me enorgullezco de ellos y agradezco a sus padres…

Me tomé un jugo de naranja y mis flojos y sangrantes dientes largos ipso facto fueron atrapados por las encías. ¡La vitamina C había aparecido después de tanto tiempo!

Enjambre, sí, como un verdadero enjambre de abejas, periodistas, fotógrafos y curiosos locales y de todo el mundo nos rodeaban, fotografiaban y ponían sus micrófonos delante para poder atrapar nuestras palabras.

Venía a saludar mucha gente conocida, pero también desconocidos, que por momentos me sofocaban, ¡pero me alegraba tanto! Los periodistas querían saberlo todo, pero para mí era muy íntimo aún y no quería hablar, solo quería estar con los míos, con mi gente querida y con mis amigos de la monta- ña. ¡Pensar que habíamos planeado volver en tren, vía Buenos Aires, y de allí llamar a casa para avisar que estábamos vivos!

¡Nunca nos imaginamos tal alboroto!

Una noche de Santiago, no sé quiénes, me llevaron con Pancho y Gustavo a comer y beber a un lugar lleno de mujeres. Recuerdo a Pancho bailando y a Gustavo también, calzado con alpargatas Rueda. Yo sentado, sin aire para hablar y muy débil, rechacé toda invitación a la danza. Me quería ir, ¿qué hacía yo ahí entre gente que no conocía? Quería estar con los míos. Un chileno se apiadó de mí y me llevo hasta el hotel. Ahí me encontré solo, tan solo como aquel momento en que Bobby se me perdió escalando la montaña y yo seguí sin percatarme de su ausencia. Encontré restos del avión, cocina o baños, no recuerdo, y dos ruedas del tren de aterrizaje. Me senté en ellas y vi la inmensidad del lugar, observé con asombro la huella dejada por el fuselaje y me impresionó cómo dribleó a las rocas negras que lo esperaban para estrellarse. Era como si alguien lo guiara. Sentí pánico, auténtico miedo de estar solo, y rápidamente me deslicé hacia abajo sentado en un almohadón.

Casi choco con Bobby, que estaba sentado de espaldas fumando un puchito. Más tarde llegamos a «casita» y gran alegría me embargó al ver a mi gente, a mi familia de la nieve. Era mi hogar en ese momento.

Ya en el hotel, me estaba orinando y el botones me señaló el baño escaleras abajo. Era muy tarde en la noche. No había nadie en el lobby, estaba vacío. Bajé lentamente y cuando volví me encontré con esa escalera pronunciada y larga, y comencé a subirla. Subí diez escalones y caí exhausto, igual que en la montaña. Diez pasos y el pecho explotaba. Me invadió una rara sensación de miedo, estaba en un hotel, pero solo, y nadie aparecía, a pesar de que llamaba con mi tenue voz. Después el botones me ayudó a llegar a la planta baja y me indicó cuál era mi habitación, ya que yo no lo sabía y nadie de mi familia estaba allí. Habían salido y yo no sé por qué estaba o me sentía tan solo.

En mi habitación puse al máximo el aire acondicionado y me acosté, ¡pero nada de dormir! Más tarde llegaron mi hermano y mi primo Beto, con quienes compartía la habitación, y bajaron el aire acondicionado, ya que, según ellos, estaba helado. Una vez que se durmieron, lo volví a subir al máximo. Al día siguiente me levanté temprano, quería sentir el calor de diciembre y disfrutar el entorno colorido del hotel. El baño de ducha me resulto tan fuerte que me tiró, tal era mi debilidad, y no me podía levantar, sentía la fuerte presión del agua sobre mi cuerpo caído. Pero entonces, mi primo Beto, que estaba cerca, me auxilió. Me vestí con pantalón y una remera de mi hermana menor, que me calzaban perfecto, y al mirarme en el espejo, ya no vi a un compañero moribundo, sino a un Coche resucitado y feliz. Mi madre había traído una valija con mis ropas, pero estas me quedaban varios talles por encima del nuevo envase.

Desayunar sigue siendo uno de los mejores momentos de la vida dentro de un hotel, pero comía con la vista, ya que a los pocos bocados me sentía con la capacidad colmada. Media hora más tarde repetía el proceso nuevamente y mi reducido estómago decía ¡basta! Y así sucesivamente todo el día. Durante los cinco días que estuvimos en Chile aumenté diez kilos de peso, o sea dos por día.

Así pasaron los cinco días, paseando por Santiago, disfrutando del contacto con la gente, escuchando las bocinas de los autos desde donde nos saludaban y recibiendo de regalo todo lo que se nos ocurriera comprar. Los chilenos son gente muy acogedora, además de valientes y corajudos, como don Sergio Catalán y familia, los comandantes Jorge Massa y Carlos García, y Sergio Díaz, del Cuerpo de Socorro Andino, que durmió en el fuselaje junto a mis ocho compañeros que quedaron en la montaña, la noche del 22 al 23 de diciembre.

La noche del 24 de diciembre, Nochebuena, un uruguayo radicado en Santiago se ofreció para organizar la celebración en familia y con amigos, todo por su cuenta. Se apellidaba Fuentes. Hubo todo tipo de manjares y cantidades navegables de bebida. Brindamos por los presentes y los ausentes, y a estos últimos los sentí en mí más presentes que nunca. ¡Estaba levantando una copa en lugar de estar muriendo! Había llegado la Navidad… acompañada de un milagro como regalo.

> En la montaña habíamos decidido no hablar del tema de la necrofagia. Nuestros padres coincidieron en mantener el secreto. Pero nosotros, a pesar de sentir el tema tremendamente difícil para comunicarlo, no nos sentíamos tan «culpables» en el sentido estricto de la palabra. Había sido también una entrega inmensa de unos hacia otros, un pacto de vida. Pero la noticia se coló por algún lado y en un semanario sensacionalista apareció un titular que decía «¡Canibalismo!».

Quien lo escribió no sabía realmente diferenciar el significado de necrofagia y canibalismo. El canibalismo está relacionado con pueblos que habitaron algunas de las islas del Caribe, que acostumbraban a comer carne humana. La necrofagia es muy distinta. No es una costumbre, sino el acto de alimentarse de los muertos, casi siempre, como necesidad de sobrevivencia.

Decidimos entonces volver al Uruguay y allí en nuestro país contarle al mundo, y a nuestros compatriotas en primer lugar, la verdad, toda la verdad. Iba a ser duro, pero lo íbamos a enfrentar.

Supe después del rescate lo mucho que nos habían bus- cado nuestros familiares, padres, hermanos y amigos. Aviones de la Fuerza Aérea Uruguaya y de la Fuerza Aérea Chilena los llevaban a sobrevolar distintos puntos de los Andes, llegando a estar en ocasiones muy próximos a nuestra ubicación.

Baqueanos del lugar, a pie o a lomo de mula, día tras día, y poniendo su alma en ello, también buscaban señales que llevaran a nuestro paradero.

Se consultaron parapsicólogos en Uruguay y en Holanda, tales como el vidente Croisset, y se siguieron sus indicaciones sin obtener resultados, pero no por ello desistieron en su desesperada búsqueda.

Quiero destacar la labor de Rafael Ponce de León, radioaficionado uruguayo, que durante esos setenta y dos días estuvo en contacto con otros radioaficionados chilenos y argentinos. Todos nuestros familiares encontraron siempre la puerta de su casa abierta, día tras día, para enterarse de los pasos que se estaban dando durante la búsqueda. ¡Y nosotros que nos sentíamos abandonados por el mundo!

Su necesidad de tenernos de vuelta fue quizá tan fuerte como la nuestra de volver.

Vaya entonces mi agradecimiento por tantos esfuerzos y empeño a toda esa gente que mantuvo durante tantos días la esperanza de encontrarnos y que les dieron alas a nuestras familias para seguir prendidos a una ilusión.

Esa misma fuerza e ilusión que paralelamente sentimos y vivimos arriba en la montaña.

El espacio y el tiempo, tal vez, nos hicieron llegar su energía.

Volamos a Uruguay en un avión de Lan, creo que cedi- do por el presidente Allende, con una tripulación antipánico, dispuesta a prestar su servicio de tranquilizar a los pasajeros que pudieran sufrir volando, después de haber tenido una experiencia tan traumática. La mayoría estábamos muy nerviosos por tener que volver a volar. Daniel, Alvarito y Bobby ya habían retornado a Uruguay, y Nando se quedó más días en Chile con su padre y su hermana. Roy siguió varios días más recuperándose en una clínica.

La llegada a Montevideo fue inimaginable. Miles de personas en las terrazas del aeropuerto de Carrasco y también todo a lo largo de la avenida de las Américas, agitando sus brazos, saludándonos, recibiéndonos con pancartas… nuestro pueblo abriéndonos los brazos… ¡Volvíamos a nuestro querido Uruguay!

Íbamos en dos ómnibus de la empresa Onda derecho al colegio Stella Maris, en cuyo gimnasio se realizaría la conferencia de prensa. A lo largo de todo el trayecto de aproximadamente cinco kilómetros se veía en ambos lados del camino gente que esperaba nuestro paso. Cuando llegamos al colegio, los buses casi no podían entrar y menos estacionar, debido a la cantidad de gente que los rodeaba. Mi amigo Rolo Saccone logró subirse al ómnibus y fuimos juntos todo el recorrido que faltaba.

Entramos al colegio por la parte de atrás del gimnasio; quedamos en los vestuarios con algunos padres y *brothers*, y allí se aprovechó para establecer el orden de aparición de cada uno de nosotros y los temas a tratar. El doctor Jorge Zerbino, padre de Gustavo, me pidió si yo podía hablar del tema del alimento. Le dije que sí. Otros hablarían de otras cosas.

Pero a medida que pasaban los minutos, yo me daba cuenta de que no iba a encontrar palabras para comunicar al mundo todo lo sucedido. Aunque nosotros lo habíamos superado, no dejaba de ser un tema tabú. Sentí que el tema me quedaba demasiado grande, seguía siendo muy íntimo para mí y no iba a poder hacerlo.

Cuando salimos al escenario, Pancho se sentó a mi lado. El gimnasio estaba repleto, colmado de gente expectante. Le dije a Pancho que yo no podría hablar, que no sentía fuerzas y, para mi gran alivio, me contestó que él se ocuparía de eso. Me sentí liviano como una pluma.

Cuando yo pasé adelante, le dije al moderador Daniel Juan que Pancho hablaría sobre el tema de la alimentación. Entonces yo hable del frío, del agua, de los cigarrillos, de la noche y de unas cuantas cosas más. Me sentí tonto por no poder enfrentarlo, pero en realidad fue lo mejor que pudo haber sucedido.

Pancho encontró las palabras necesarias, las elevó a un nivel místico y habló pausadamente y con mucho respeto. Se produjo un silencio absoluto que, segundos después, fue roto por los aplausos de la gente, que se fue poniendo de pie, sin dejar de aplaudir. ¡Ahí todo terminó! Terminó el suplicio de comunicar la verdad, que sabíamos iba a ser muy dura para todos, no más de lo que había sido para nosotros.

Siempre he sentido agradecimiento por la comprensión de todos, del pueblo uruguayo, del mundo, pero sobre todo por la comprensión de los padres de los que murieron y por su grandiosa generosidad. Algunos de ellos publicaron en los diarios cartas en apoyo a nosotros o nos lo manifestaron personalmente, diciéndonos que estaban orgullosos de que sus hijos de alguna manera ¡vivieran en nosotros! También la Iglesia Católica de nuestro país, así como el Papa Paulo VI, cursaron cartas celebrando la buena nueva de Navidad.

Volvía a mi casa de Punta Gorda, de donde había salido hacia setenta y ocho días. Volvía a encontrarme con mis amigos queridos: Sapo Sapriza, Gustavo Pérez, entre tantos otros. Volvía a la vida soñada, por la cual habíamos hecho lo inimaginable para transformar lo imposible en realidad. El sufrimiento había quedado allá arriba; ahora comenzaba la vida que daba sentido a lo anterior y que, al haberla proyectado en las anotaciones de mi libretita, había dado sentido al mañana. Fui con Pancho varias veces a visitar a la mama de Gastón, Blanca Jardi de Costemalle. Había perdido hacía unos años a su marido, luego a su hijo menor, Daniel, y ahora en el avión a su último hijo, Gastón. En unos pocos años había perdido a toda su familia. No puedo imaginar cómo pudo resurgir después de tanto dolor. Le daba alegría vernos y siempre nos recibía con un abrazo y una sonrisa que mostraban su calidad de ser humano y su generosidad de espíritu. Recordábamos juntos a Gastón y nos hacía bien hablar de él. Nos contaba de cuando Gastón se iba a las prácticas y se oía dentro de su mochila el chocar de vasos, botellas y hielo. ¡Qué bien que pasábamos! ¡Qué bien que hubiésemos seguido pasando! Porque si nada de aquello hubiese sucedido, hoy, seguramente, en vez de estar escribiendo estos recuerdos, estaría mateando con Gastón y tantos otros. Conocería a sus hijos y nietos, y él conocería a los míos. Pero la historia fue otra y no se puede contra eso.

Supongo que mi vida hubiera sido bastante parecida a la que fue, pero no tendría ese vacío que el Gordo Gastón dejó en mí y en varios amigos más que se salvaron de ese accidente. Ni siquiera tuvo oportunidad de luchar, se fue en el choque en el primer momento. Hoy nuevamente su familia está reunida en el continuar de la existencia.

También hoy recuerdo mucho al Vasco Echevarren y a Arturo Nogueira, estaban muy heridos pero nunca se les oía quejarse. Estaban siempre dentro del fuselaje, haciendo lo que podían, como ubicar los lugares en los mapas y dando siempre opiniones inteligentes. Alguna puteada a veces se mandaban, como también sonoras carcajadas. Eran corajudos, muy valientes y soportaron todo con valor y fe. En sus últimos días estuvieron rodeados de ternura. Recuerdo vívidamente cómo algunos compañeros hasta el último momento los alimentaban y les daban de beber.

Me han preguntado infinidad de veces cómo hubiera sido mi vida sin esta historia de setenta y dos días. Respondo que no lo sé, que seguramente fuese similar, no se puede saber. Pero sí sé que aquello de 1972 sucedió, que lo sentido y sufrido es una herida hoy cerrada, pero que la memoria recuerda. Y por sobre todas las cosas, lo que nunca olvidaré son las revelaciones que incidieron en mi vida y que debo compartir y explicar.

Si de algo me arrepiento es de no haber dado más en la montaña, en aquellos setenta y dos días de mis sesenta y nueve años que llevo viviendo. Haber dado más, como lo hizo Numa. Al principio y durante dieciséis días fui activo, aunque sentía los efectos de la altura, y mucho, incluso logré hacer, en compañía de Bobby François, una caminata por la huella dejada por el avión. Después de la avalancha, la gangrena en mi pierna me impidió volver a caminar, ya que dolía, y la inactividad dio lugar a una creciente debilidad física. Pero mental- mente me hice más fuerte y decidido a controlar la desesperación, la angustia, la ansiedad y el miedo. Porque eso dependía de mí, de otros dependía todo lo demás. Pasé a ser un «parásito», como lo describe Piers Paul Read en *Viven*, y la sensación de dependencia de los demás no es nada agradable. Pero con fortaleza mental podía hacer que fuese menos desagradable y los amigos colaboraban para eso.

> Estoy contento de no haber sido un parásito y de ser uno más que dio todo o casi todo para salvarse a sí mismo y a los demás. Trataba de tener lucidez, primero para conmigo, y luego templanza para contener a alguno que se salía de la raya. Porque siempre me inquietaba pensar qué podía suceder si la mayoría traspasaba al mismo tiempo esa línea imaginaria que separaba la vida de la muerte.

Intentaba durante el día o la noche, a través del humor, arrancar sonrisas en los demás y, al lograrlo, me sentía gratificado. Hacíamos chistes, a veces verdes y muy verdes. Alertaban de la presencia de Liliana para no pasarse más de la cuenta, pero ella pedía que continuáramos, porque le hacía bien reír. La risa era un remedio infalible para distender tensiones y conflictos y olvidar por un rato la realidad que nos rodeaba.

También pensaba en la Facultad de Agronomía. Un paro de unos días fue el que nos había dado vía libre para volar a Chile con Daniel y Fito. En ese entonces yo alternaba tiempos de estudiante con el trabajo en el tambo de Florida y me movía de un lado a otro en bus o tren. Fue ahí que mi existencia tuvo un quiebre con la experiencia de los Andes. El resto de los años la vida me ha sonreído constantemente y agradezco permanentemente a Dios y a los hombres el haber intimado con ellos, haber asimilado con sus ejemplos cantidad de valores que hacen a la felicidad.

Marzo de 1995

En marzo de 1995, contratamos un bus por iniciativa de Roy Harley y cargamos sus últimas tres filas de asientos con infinidad de delicatesen y bebidas. Éramos doce los que salimos de Montevideo rumbo a los Andes para llegar a ver lo que no conocíamos más que por fotos: la tumba de nuestros amigos.

Llegamos a la Posada del Sonseado, donde pernoctamos, y al día siguiente nos dirigimos hasta las orillas del río Atuel, en donde nos esperaban las cabalgaduras. Montamos y, con la guía de varios baqueanos de la zona, cruzamos el río. En una larga fila emprendimos la subida, pasando por altos y angostos desfiladeros, viendo los diferentes colores que ciertos elementos, como el hierro, el azufre, el talco, dan a las paredes de esa inmensa montaña. En la tarde acampamos en un valle llamado El Barroso y pasamos la noche, no sin antes comer un chivito asado acompañado de abundantes bebidas. A la mañana siguiente comenzamos la jornada subiendo la montaña, ya muy empinada, y cruzamos caudalosos ríos con agua de deshielo. Por primera vez veíamos correr el agua en esos sitios, ya que en aquel entonces estaba congelada.

Pronto aparecieron las primeras nieves y el jolgorio que nos acompañaba dio paso al silencio del recuerdo, de aquello acontecido veintitrés años atrás. Apareció a lo lejos el particular lugar geográfico que configura una especie de cajón en el que estuvimos en 1972. Lo reconocí enseguida y, ya más cerca, pude reconocer también por sus formas las rocas que nos rodeaban durante aquella dolorosa estadía. Siguiendo adelante dejamos a la derecha lo que todavía quedaba de la cola del avión. El paisaje allá arriba del todo era reconocible, pero te confundía el verlo desnudo de nieve. Solo se oía el jadear de los caballos y el repicar de sus cascos sobre la piedra ya trillada por otros.

¿En qué cerro habían puesto la tumba? Después de haber subido a pie una pequeña elevación, fue impresionante encontrar la cruz que corona la sepultura. Quedamos mirándola horas, en silencio, cada uno recordando a su manera. Allí yacían todos los amigos, y también lo estaban en nosotros, inseparables para siempre. No puedo compartir con ustedes las sensaciones de estar ante la tumba de mis semejantes, no por ser íntimamente mías, sino porque me falta vocabulario para hacerlo. ¡Les pido disculpas por eso!

Pusimos una placa de bronce al pie de la cruz, y vimos desde allí el glaciar, mucho más abajo, donde estaba el fuselaje ya atrapado por el hielo. Observamos la nueva topografía que se nos mostraba, tal como siempre fue, pero que entonces no conocíamos porque estaba oculta por metros de nieve. Miramos con detenimiento por dónde habían subido Nando y Roberto en la última expedición, y me pareció que fue totalmente sobrehumano lo que hicieron.

Armamos unas cuantas carpas pequeñas, sin haber podido encontrar un solo metro de terreno que fuera horizontal y sin piedras salientes. A la tardecita los caballos bajaron a El Barroso a pastorear y me encontré desamparado y muy nervioso. Surgió de golpe el frío de los Andes y tuvimos que refugiarnos en las carpas, donde, junto a Tintín y a Pancho, no pude pegar un ojo.

Durante la noche salí a orinar y no pude terminar, ya que el frío me estaba inmovilizando. Fue una noche eterna al pie de la tumba. Lo vivido me parecía algo tan lejano, no podía imaginarme cómo hicimos para estar allí setenta y dos días.

En algunos momentos sentía lo mismo que antes y en otros me parecía que estaba viviendo solo el presente. Con el pasar de las horas volví a estar tranquilo y supe que aquel Dios volvía a estar allí entre nosotros como custodio de esa tumba, que no puede estar en altar más impresionante. Reconforta pensar que, salvo la primera noche del 13 de octubre, nunca más nadie murió en la oscuridad.

Recuerdo que contemplaba las noches a través de las ven- tanas ovaladas y veía las estrellas, entre ellas una muy luminosa. Las contaba. Cuando había luna llena se veía la montaña dibujada y la luna se corría a la otra ventana, ya no recuerdo el tiempo que tomaba el cambio de escenario.

Mi madre simultáneamente observaba la misma estrella brillante y la luna llena, y sabía que yo también lo hacía, y viceversa. Ella lo hacía en la rambla de Punta Gorda y yo recostado dentro de lo que fue un avión, caído y destrozado en los Andes. Permanecía contemplando el movimiento de la luna, como mira un ciego que ha recuperado la vista, como come un hambriento; así, insaciable de vida, hubiese querido tocar aquella luna.

A veces unas nubes pesadamente amontonadas solo dejaban aparecer las últimas estrellas. Aquella vida de las nubes animaba la oscuridad, a veces más ligera, otras más intensa. Era como si a veces inmensas sombras llegasen a profundizar la noche.

Por momentos eran tales las ansias de no estar allí presos, que hablábamos de si no sería mejor estar en una cárcel de Montevideo. Fantaseábamos acerca de cuántos años podía ser la condena, hasta pensar en que podía ser perpetua. Hubiéramos cambiado por años de penitenciaría los días que irían a seguir en esa montaña, aunque no supiéramos cuántos serían.

Estábamos desayunando, ya a la mañana siguiente, cuando sentí un ruido como si se acercara un alud. Eran los caballos que aparecieron al galope. Sentí tanta alegría que comparé ese momento con aquel en que aparecieron los helicópteros. Quería salir de allí, no quería seguir en esa montaña donde, al observar el conocido entorno, se me apretaba el pecho.

Mis amigos no podían estar en mejor lugar, ¡pero yo no quería estar allí ni un minuto más! Así fue la primera vez que volví. Aunque después volví a visitar el sitio, acompañado de mi familia, de amigos y de extranjeros peregrinos.

En esa tumba yacen los cuerpos de Gastón y de los otros compañeros.

Desde el 13 de octubre en que lo había visto por última vez, hasta ese día en que me hallaba al lado de su tumba, habían pasado veintitrés años. Yo había sobrevivido en la montaña, hice mi vida y se la conté en silencio. Él, que no sobrevivió, ¿habrá hecho otra vida? Cuando nos volvamos a encontrar, él me dirá lo que hoy imagino… Hasta entonces, Gordo…

Toda esta historia me hizo de muchos nuevos amigos, que están desparramados por todos los rincones del mundo. Especialmente Carlos y Andrés Arismendi de Medellín. Nos conocimos primero por mail y luego subieron con nosotros al lugar del accidente. Desde entonces los siento como hermanos, hasta me nombraron padrino de Marianita, hija de Andrés. También hay como un club de fans en muchos países, tienen una página web llamada Reviven y son obligados referentes en cualquier consulta sobre esta historia que se quiera realizar, incluso para los dieciséis sobrevivientes.

En el 74 salió el primer libro oficial, *Viven*, que informa sobre la historia en forma detallada y cronológica, que fue un éxito editorial. Le siguieron varias documentales y, entre nosotros, comenzaron a surgir ciertas diferencias, ya que algunos pocos éramos citados para figurar en el documental y la mayoría no quería figurar ni que figurara nadie. Comenzaba lo que hemos llamado la «máquina de impedir», mayoritaria en un principio, donde se pensaba que la historia era una sola. A medida que el tiempo fue pasando, se empezó a entender que hay dieciséis historias vividas de un mismo hecho.

Me entere más tarde de que el arriero había sido el gran protagonista en nuestra salvación. Me asombro muchísimo lo que hizo; sin que nos conociera nos brindó horas de su tiempo, tal vez dejó cosas importantes personales, o no tan importantes pero propias de él. ¿Por qué? Por unos muchachos que no conocía y que apenas había atisbado a través de un río… Ahí aflora esa condición humana, solidaria, salvadora, en un hombre sencillo, un hombre de campo, sin mayores conocimientos ni gran cultura. Pero nos mostró un corazón cargado de humanidad, de amor, porque fue lo que hizo, ¡un inmenso acto de amor!... olvidándose de sí mismo y entregándose por entero a rescatar esas vidas que aún no conocía, sintiendo compasión y piedad, y sacrificando sus horas, su cansancio, solo por dar una mano a los necesitados. Confiando en su instinto más que en ningún conocimiento, y cumpliendo con su obligación de hombre de bien, ayudando, alertando, moviendo cielo y tierra para defender nuestras vidas.

Su extraordinaria capacidad de servicio me sigue asombrando hoy. Sin duda estoy aquí gracias a esa cadena de esfuerzos que se inició con el rápido accionar de ese sencillo y glorioso arriero, que exalta al ser humano.

No recuerdo haber llorado delante de nadie en aquellos días, pero lloraba por dentro continuamente. Lo que veía era desgarrador y me desgarraba interiormente.

Vivir sin ilusión es casi morir, y así me sentía los últimos días, sin ilusión, sin esperanza, sin futuro. Llorando por la vida perdida, por los proyectos truncados, por los seres queridos a los que tal vez nunca iba a volver a abrazar. Entonces rezaba... y se me aliviaba el alma y resurgía la fuerza interna que nunca supe de dónde venía... pero que llegaba... y, como un regalo de Dios, me invadía la paz.

Capítulo IX: Treinta años después

Pasaron treinta años y llegó el año 2002, año en que volvimos a juntarnos con la Fuerza Aérea Uruguaya a instancias del coronel Mariano Rodrigo, cuyos hijos estudiaban en el Stella Maris. Él organizó, a pedido del brigadier Malaquín, un asado en Boiso Lanza, sede del comando de la Fuerza Aérea Uruguaya.

Estábamos varios de nosotros y también la comandancia de aquel entonces. Recuerdo que, al principio, algunos de nosotros, entre quienes me incluyo, señalamos en tonos muy fuertes a la FAU como culpable de lo sucedido.

Después el ambiente se calmó y desde entonces reina la paz, y también se mantienen ciertas amistades personales. Ellos reconocieron que el exceso de confianza de los pilotos, sumado a otros hechos, determinó la causa de ese terrible error humano.

Durante veintinueve años recordé permanentemente, pero sobre todo entre el 13 de octubre y el 22 de diciembre, el dolor del hambre, de la sed, del frío, la angustia, el olor de la nieve, del fuselaje, la imagen de la montaña que nos apresaba y la bronca y la rebeldía por lo sucedido. Pero el tiempo es el mejor remedio para curar heridas y también el mejor aliado para hacer prevalecer lo importante sobre lo accesorio: todo aquello que aprendí y sentí de solidaridad, coraje, valentía, entrega sin límites, en síntesis, el amor con que el hombre se comporta para con el prójimo, comportamiento que hoy me sigue emocionando al recordarlo. Entonces me llena de orgullo el hecho de pertenecer a una hermandad surgida allá arriba, entre vivos y muertos, que vive y vivirá en mí para siempre y la que deseo trasmitir.

También en el año 2002 se produjo un clic, no solo en mí, sino también en otros del grupo. Ya habían pasado treinta años, el tiempo cura, sana, y nació la necesidad de compartir esta historia, de contarla. Es lo que me diferenciaba de los comunes terrestres, aquellos setenta y dos días vividos en los Andes. Fue así que comencé a dar charlas o conferencias junto con Álvaro Mangino y descubrimos que nos hacía bien hablar del tema. Sorpresa más que agradable fue cuando nos dimos cuenta de que también hacíamos bien a otros que nos escuchaban; y esto último me hizo continuar y figurar entre los que iniciamos la Fundación Viven, junto con Diego Canessa, ahijado de Gastón.

La Fundación Viven tiene la misión de ir al rescate de gente cuya vida es una supervivencia diaria y su principal pro- grama es la donación de órganos, emulando nuestro pacto de vida en la montaña. Después de varias campañas, el Parlamento uruguayo votó una ley por la cual se nace donante.

Hoy la fundación posee un museo itinerante, que en sí mismo es una obra de arte y que transmite todos los valores que nos dieron vida en la montaña. Está disponible para viajar por el mundo y así poder compartir ampliamente tantos valores humanos.

Lo extraordinario

Cuando estábamos en la montaña, nunca se nos ocurrió ni por asomo el alboroto y el despliegue de periodistas, cámaras y curiosos que después del rescate irían a acercarse a nosotros desde todas partes del mundo.

Creíamos que nos habían dado por muertos en el octubre pasado y que ya nadie se acordaba de aquel avión uruguayo estrellado en los Andes con cuarenta y cinco pasajeros. Ya en Los Maitenes, primer lugar donde descendió el helicóptero de rescate, vimos tantas personas con cámaras de fotos, de filmación, grabadores, hablando en diferentes idiomas, que quedamos todos sorprendidos. ¿Quiénes eran y qué hacían allí?

> No entendía por qué nuestra supervivencia era tan importante para el mundo, ni por qué me filmaban tanto y me sacaban tantas fotos. Hasta que comprendí que lo importante, lo extraordinario, es la historia en sí misma, vivida y contada por gente común y corriente.

¿Cómo se pudo sobrevivir setenta y dos días? Más allá de habernos tenido que alimentar de nuestros amigos, motivo principal de nuestra supervivencia, hubo un cómo, que también fue determinante. Y ese cómo hasta hoy sigue concitando gran interés a gente del mundo entero. Libros, documentales, largometrajes, revistas, radios y conferencias continúan llevan- do a sobrevivientes a diferentes rincones del mundo. Interesa porque en nuestro relato está la historia del hombre y el sentido de su existencia. La nuestra es una historia atemporal, que se puede ubicar en cualquier tiempo y en cualquier espacio geográfico.

Todavía me sorprende, cuando doy alguna charla frente a doscientas personas o más, ver el interés en sus caras y actitudes, la necesidad de saber, de entender lo que vivimos, de compartir lo que sufrimos. Cuando termino, después de los aplausos cerrados de un público de pie, se arriman y me abrazan, y me siento una vez más consolado por lo que viví y siento el amor de toda esa gente, que, repito, allá arriba, jamás nos imaginamos iríamos a recibir, y me sorprende, porque eso no termina con los años que ya han pasado, por el contrario, el interés se ha ido acrecentando.

Siento que debo agradecer todas estas demostraciones, de todo corazón.

Allá arriba en la montaña, el tiempo pasaba muy lento. A veces los días eran más largos y a veces más cortos. Cuando había sol, hasta llegaba a apreciar y admirar la naturaleza que nos rodeaba y aprisionaba, vi belleza, sentí belleza y me emocionó. Si no había sol, cuando llegaba la noche, se hacía eterna. La oscuridad era a veces profunda y a veces más ligera; las horas pasaban como si se congelaran con el frío, como si la altura las afectara, como si necesitasen más oxígeno para transcurrir. Era otro mundo. Por tanto había tiempo para pensar e imaginar.

Pensaba mucho en mi madre, en Soledad, que ya me considerarían muerto, cómo estarían sufriendo. O tal vez tuvieran esperanzas, ya que nada del avión, yo suponía, se había encontrado. ¡Me angustiaba tanto la impotencia de no poder decirles que estaba vivo y pensando en ellas! Imaginaba la gente que pasaría por mi casa, para acompañarlas y llorar con ellas; hacía listas de gente.

Cuando volví pregunté acerca de mi «imaginado velorio». Me sorprendió mucho saber quiénes iban a casa casi a diario, simplemente a acompañar, presencia de alguna gente que nunca imaginé, y desde entonces, aunque no los vea, les tengo una especial simpatía y gran cariño.

Supe también que mi madre y Soledad nunca habían perdido la esperanza. Aunque sufrían lo indecible, se apoyaban en la falta de comprobación de lo que había ocurrido. No tenían absolutamente nada que les dijera que yo había muerto. También me sorprendí al escucharlas contarme todas las posibles excusas que usaron para seguir esperando y justificar mi ausencia.

«Nuestros hijos»

En agosto de 1973, a diez meses del accidente, las madres de nuestros amigos que murieron en la montaña, con mucho valor y coraje, transformaron su dolor en algo muy positivo para los niños de nuestro país. Fundaron la Biblioteca Nuestros Hijos, en recuerdo de sus familiares fallecidos. Hasta el día de hoy, hace ya cuarenta y cinco años, esta biblioteca continúa con su obra aportando a la instrucción y a la cultura. Nuestros amigos deben estar orgullosos de este emprendimiento, que fue hecho con tanta fuerza, valor y fe. Hoy han tomado la posta los hermanos de nuestros amigos, dándole a la biblioteca un perfil pujante y moderno, con las nuevas tecnologías.

Con los familiares de los fallecidos he tenido una buena relación. Como en la vida, con algunos más que con otros. No ha sido fácil superar este golpe, ni para ellos ni para nosotros.

Pero algunos padres se nos han acercado mucho desde el primer momento, preguntándonos con ansiedad de saber todo de sus hijos y abrazándonos con cariño. A otros les ha costado más y tal vez a nosotros también. Pienso que se preguntarán por qué nosotros y no sus hijos… pregunta que me continúo haciendo yo y no he obtenido respuesta.

De cualquier manera, tengo amigos dilectos, como Álvaro Pérez del Castillo, hermano del capitán Marcelo, con el que mantengo una profunda amistad de toda la vida, que valoro y agradezco y que no siento que haya menguado después de este hecho. Recuerdo vívidamente su abrazo de recibimiento y encuentro, cargado de emoción y de cariño. También me abrace allí con Inés, la novia de Gastón. Otro abrazo cargado de tristeza.

Semejantes

Entre nosotros los sobrevivientes siempre existieron diferencias, a veces por protagonismo. En la medida que pasaron los años, estas se agudizaron. ¡Hasta parece que algún otro acompañó a Canessa y Parrado en la travesía de los Andes, y no me refiero a Dios! También hay diferencias de otra índole, que tristemente no han sido superadas. Sostengo que allá arriba, entre todos hicimos la terapia que no hicimos grupalmente en nuestro país. Solo una vez trece de nosotros nos reunimos con un psiquiatra y una psicóloga para hacer terapia de grupo, por aquello del posible shock postraumático. Habíamos decidido dejarlos a ellos hablar primero y se ve que los doctores pensaron lo mismo. Al cabo de diez minutos de total silencio de ambas partes, Gustavo Zerbino dijo que era un aburrimiento y nos fuimos. Lo que no quiere decir que no hayamos visitado al psicólogo en nuestras vidas, pero en ningún caso, casi seguro, el problema es atribuible a los Andes. ¡Setenta y dos días es mucho tiempo! Hasta para pasarla bien…

Cuando después del rescate bajé a tierra con mi cámara de fotos en la mano, el rollo que había plasmado, con escenas de nuestra vida en la montaña, ya no estaba dentro. Pocos años después aparecieron por el mundo esas fotos únicas, tomadas por nosotros mismos y difundidas comercialmente por un agente internacional de imágenes. Ya la vida terrenal atrapaba y se intercambiaban valores.

La vida es un derecho natural, el primer derecho humano, y como derecho tiene una contrapartida, que son las obligaciones que el mismo conlleva. Es por eso que defender la vida, honrarla y merecerla fue lo que nos llevó a cumplir con esa obligación de diferentes formas. Allá arriba, siempre tratamos de mantener viva la esperanza y esta solo se debilitó ante la muerte de algún amigo. ¡Qué angustia oprimía el pecho!

Los 22 de diciembre, fecha del rescate, siempre nos juntamos. Aunque casi nunca hemos logrado estar todos, por diferentes motivos siempre hay alguno que no puede asistir. Hoy entre hijos y nietos superamos largamente los ciento veinte. Si las montañas son eternas, el hombre también lo es en su permanente prolongación en existencia.

> Cuando me preguntan qué son mis compañeros sobrevivientes para mí, hoy digo que son mis amigos. Fueron mis semejantes durante setenta y dos días en el año 1972 y hoy son amigos. No son hermanos. Lo que nos ha unido a los dieciséis es lo que nos dio vida y que llevamos dentro: nuestros amigos que murieron y de los cuales nos alimentamos. Ese es el común denominador que dieciséis hombres han tenido a lo largo de sus vidas: que llevan adentro a sus compañeros que no pudieron volver para darle felicidad a su familia.

Eso es lo que nos une. Yo veo en cada uno de ellos a los que no volvieron y por eso los quiero, además de por otras cosas. Nos une llevar con nosotros a los que no pudieron regresar y tratar de vivir dignamente en su memoria, nada más.

Nos unieron setenta y dos días especiales. Es una comunidad espiritual de semejantes y, como tales, tenemos nuestras diferencias y discusiones, algunas muy duras.

Pero nos conocemos muy profundamente, íntimamente, y nos perdonamos todo. Algunos somos más amigos que otros y no con todos nos vemos seguido, pero cuando lo hacemos sentimos que aquello nos unió para siempre. No nos olvidamos nunca de nuestros amigos muertos. No olvidamos a nuestros amigos vivos. No olvidamos lo que vivimos.

Hemos ido más de una vez al lugar del accidente, con amigos o en grupo. Mis hijos también han ido. Hemos llevado flores a la tumba. Cada vez que vamos, recibimos una energía especial del lugar y volvemos más enriquecidos. Me he acostumbrado a vivir con estos recuerdos tan dolorosos. Las heridas abiertas ya las ha cerrado el tiempo. Pero las imágenes siguen en mi memoria, quizá ya sin vida, pero cargadas de sangre y dolor, también de coraje, entrega y heroísmo. Describirlas para este libro, sinceramente, me ha resultado un inmenso esfuerzo.

En el 2002 dejé toda actividad profesional y empresarial, y junto con el inicio de la experiencia como expositor de los Andes, el 22 de mayo de ese año ingresé en el taller de pin- tura Cruz del Sur, a instancias de mi amigo Adolfo Albanell. Allí encontré un grupo humano de excepción, dirigido por el maestro Sergio Viera, y al alma máter del taller, su esposa Lilian. Desde entonces concurro todos los miércoles sin falta a aprender a pintar al óleo y a disfrutar de la compañía de mis compañeros. Esta actividad ha de ser una de las mejores terapias. Todas las imágenes que se encuentran en este libro fueron pintadas en este, mi taller.

Mi maestro y amigo, Sergio Viera, me enseñó todo lo que sé y me llevó de lo figurativo a lo abstracto sin que yo me diera mucha cuenta.

También me enseño que una buena pintura se sostiene sobre un buen dibujo. Así pasé clases y clases dibujando.

He realizado en mi país varias exposiciones, tanto individuales como colectivas, con mis queridos compañeros del taller.

Siempre en mis catálogos Sergio ha escrito el prólogo y hay uno en especial que quiero compartir:

> Utilizando las ricas enseñanzas del viejo maestro Cézanne, en cuanto a que el cuadro debe cumplir con determinadas reglas que hacen a la «buena forma», Inciarte se plantea su problema plástico. Concentrado en esto da vuelo a su inconsciente para regalarnos imágenes que van desde los fuertes contrastes a otras más poéticas del campo, que tanto conoce, como del paisaje urbano.

Destacan en su obra la línea sensible pero firme y la mancha espontánea y sensual, que deja entrever al hombre franco y vital que es Coche Inciarte.

De esta forma, pinta como vive, de primera y sin complicaciones innecesarias, uniendo a estas cualidades un espíritu intuitivo y sensible. Quizás porque su experiencia le ha permitido valorar el momento único que es el ahora y gozar profundamente de la experiencia de vivir.

Aunque es muy probable que lo supiera de antes, porque sospecho que hay hombres que traen esa carga de sabiduría y para los que está vedado lo abstruso, lo rebuscado y que ya saben que las cosas importantes son normalmente las más sencillas.

Epílogo

Los primeros días de enero de 1973, gente de la Fuerza Aérea Uruguaya, del Cuerpo de Socorro Andino, de la Fuerza Aérea Chilena y el sacerdote y andinista Iván Caviedes fueron a nuestra montaña. Juntaron los cuerpos de los que iban en la cola, que habían quedado mil metros arriba del fuselaje, diseminados en el lugar del choque, los cuerpos que habían estado a nuestro alrededor e hicieron una tumba para enterrar- los todos juntos, trabajo que duró una semana. El cura Caviedes, quien tiempo después murió haciendo andinismo, ofició una misa.

Por la Fuerza Aérea Uruguaya fue el coronel Crosa, quien, durante la semana que permaneció allá arriba, supervisó las operaciones y finalmente hizo prender fuego el fuselaje. Después me contó que en esa semana había cambiado su forma de ser y de pensar y que cuando bajó se sentía un hombre mejor. Tal vez nuestro amigo Dios seguía allá arriba.

La tumba se encuentra en un cerrito al costado del valle de las Lágrimas. Es sencilla y está coronada por una cruz que emerge todos los años, enhiesta, después del deshielo. En ese altar yacen mis amigos. Mientras eso ocurría nosotros estábamos en Uruguay, donde, felices de vivir y respirar, la nueva vida nos atrapaba en compañía de nuestras familias y amigos.

Sí, Dios nos ayudó allá arriba, pero lo hizo a través de los hombres que estuvieron conmigo setenta y dos días en aquella montaña donde la vida, tanto animal, vegetal o humana, no puede existir.

La montaña no era nuestra enemiga, desde siempre había estado allí, nosotros tampoco quisimos invadirla, sino que por un error humano caímos en ella. Nos defendimos de las condiciones extremas de la naturaleza y, con ayuda de Dios, finalmente logramos la supervivencia.

En nosotros la venganza no existió, ya que no luchamos contra el hombre como sucede en las guerras; fue todo lo contrario. Prevaleció la condición humana en su más alta concepción, reivindicando al hombre y ayudándolo a perseverar, exaltando su corazón, recordándole el ánimo y el honor, la esperanza y el orgullo, la compasión, la piedad y el sacrificio, que han sido la gloria de su pasado, como dice William Faulkner.

He narrado y he tratado de explicarme, tarea nada sencilla. Las montañas son eternas, están y seguirán allí, tal vez por siglos y siglos. La vida del hombre es efímera, pero de otra manera conlleva la eternidad. Es en nuestra descendencia, hijos, nietos y bisnietos, que la continuidad está asegurada. Nuestros genes, capacidades y habilidades llevarán al futuro de alguna forma lo que fuimos y lo que somos. Y así el hombre se perpetuará en la Tierra… Sé que continuaré en este mundo a través de mi descendencia, que es mi más preciado legado. La tecnología, uno de los grandes avances del hombre, ya nos muestra hoy el futuro.

Pienso, querido Gastón, que algo me quedaba por hacer en esta vida en que existo.

Había plantado un árbol en el tambo antes de viajar a Chile. Luego me casé y tuve tres hijos. Tal vez me quedaba escribir un libro, y tú y los lectores dirán si se le puede llamar así a mis memorias lejanas y a mis explicaciones sobre la condición humana. ¡Hasta que nos volvamos a encontrar!

Un gran abrazo de tu incondicional amigo,

Coche

Agradezco a:

Facundo Ponce de León, Pablo Vierci, Mireya Soriano Lagarmilla, María Marta González Mullin, Pablo Gelsi, Irene Arrarte, María Moratorio, Raquel Nogueira, Marti Inciarte Mercedes Inciarte, María Balsa, José Ferrandiz, Vinicius López Terrone, Xerach García, Gonzalo Aemilius, Carlos y Andrés Arismendi Montoya, María Eugenia Inciarte (mi hija), Soledad González Mullin (mi esposa), Julián Ubiría y Leroy Gutiérrez.

Y, por último, a mis amigos sobrevivientes que le dieron vida a este libro y a los que quedaron en la montaña, que siempre, siempre estarán en mi memoria.

Cada uno de ellos sabe el porqué de mi más sentido agradecimiento.

Jose Luis «Coche» Inciarte

Índice:

«Cuando se plantea la necesidad de defender la vida, la reacción natural y espontánea es ir resolviendo la situación día a día, minuto a minuto o segundo a segundo. El pasado y el futuro se esfuman. La única base para la supervivencia es el presente»
Wayne Dyer

Perpetrado en Almería
Febrero de 2019

GB
GUANTE BLANCO®
EDITORIAL

Made in United States
Orlando, FL
03 June 2025